在上海发现江南

文化江南行走课堂指南

王敏 韩瑞华 ◎ 编著

上海大学出版社

图书在版编目（CIP）数据

在上海发现江南：文化江南行走课堂指南/王敏，
韩瑞华编著. -- 上海：上海大学出版社, 2025.4.
ISBN 978-7-5671-5212-0
Ⅰ.K295-49
中国国家版本馆 CIP 数据核字第 2025B86R05 号

责任编辑　徐雁华
书籍设计　缪炎栩
技术编辑　金　鑫　钱宇坤

在上海发现江南
——文化江南行走课堂指南

王　敏　韩瑞华　编著

出版发行	上海大学出版社出版发行
地　　址	上海市上大路 99 号
邮政编码	200444
网　　址	www.shupress.cn
发行热线	021-66135109
出版人	余　洋
印　　刷	上海华业装璜印刷厂有限公司印刷
经　　销	各地新华书店
开　　本	710mm×1000mm 1/16
印　　张	8.75
字　　数	175 千
版　　次	2025 年 5 月第 1 版
印　　次	2025 年 5 月第 1 次
书　　号	ISBN 978-7-5671-5212-0/K·300
定　　价	78.00 元

版权所有　侵权必究
如发现本书有印装质量问题请与印刷厂质量科联系
联系电话：021-56475919

目 录

第一编

考古上海：上海地区文明曙光　001

一、马家浜文化：史前文明之启幕　003

二、崧泽文化：史前文明的发展　008

三、良渚文化：史前文明的高峰　015

四、广富林文化：与黄河流域文明的交融　023

第二编

上海之源：吴淞江·黄浦江　029

一、吴淞江、黄浦江的变迁　032

二、吴淞江、黄浦江与上海地区的开发及上海港的兴起　035

三、苏州河、黄浦江与近代上海城市的繁荣　042

四、苏州河、黄浦江的治理与当代上海城市的更新　052

第三编

上海之根:江南古镇　　　　　　　　　　　　　　　　059

　　一、练塘:"高屋窄巷对街楼,小桥流水处人家"　　064

　　二、"因寺得名"的七宝镇　　　　　　　　　　　068

　　三、"三泾不及一角"的朱家角　　　　　　　　　074

　　四、枫泾:"三步两座桥,一望十条港"　　　　　077

　　五、新场镇:"十三牌楼九环龙,小小新场赛苏州"　082

　　六、南翔:"东南一都会"　　　　　　　　　　　085

　　七、"三亭不及一泾"的泗泾　　　　　　　　　　088

　　八、金泽镇:江南第一桥乡　　　　　　　　　　　091

第四编

上海之韵:古桥·古寺·古塔·古园林　　　　　　　095

　　一、"小桥流水江村":古桥　　　　　　　　　　096

　　二、暮鼓晨钟与湖光塔影:古寺·古塔　　　　　105

　　三、"壶中天地":古代园林　　　　　　　　　　116

后记　　　　　　　　　　　　　　　　　　　　　　132

第一编

考古上海

上海地区文明曙光

考古上海

距今6000多年前，今天的上海地区开始有人类活动，文明曙光初现。在此之前，上海及上海所在的长江三角洲地区经历了极为漫长的地质变迁。

在距今300万年至7000年前，地球上发生了一场喜马拉雅造山运动，上海地区所在的长江三角洲（考古史上称为"古太湖地区"）的基本构造就是在这场造山运动当中形成的。剧烈的地壳运动使古太湖地区的陆地产生凹陷处，经海水入侵后，便形成了浅海湾。流经古太湖地区的长江和钱塘江自西向东注入大海，这两条河流所携带的巨量泥沙在河口地区堆积，逐渐形成冲积沙嘴和三角洲。同时，海浪向岸边运动时夹杂的泥沙逐渐堆积成延伸的沙堤、沙坝，古太湖地区慢慢从三面环陆的海湾变为与外海分离的潟湖。

距今约7000年前，长江口位于今镇江、扬州一带，今上海地区多被海水覆盖，但是在长江三角洲南部开始形成多条近乎平行的由泥沙、贝壳等物质组成的密集沙带，考古史上称为"冈身"。冈身地势相对高峻，可以看作当时上海地区的海岸线。在泥沙堆积与海潮的双重作用下，海岸线不断东扩，上海地区逐渐成陆。距今6000年前，海岸线在今外冈、方泰、马桥、邬桥、胡桥、漕泾一线。

随着上海地区成陆，开始有来自太湖西部的人群向此地迁移。这批迁移而来的人群就是上海地区最早的一批先民，他们创造了上海地区最早的史前文化——马家浜文化。继马家浜文化之后，还有三批先民先后生活在上海地区，相继留存下崧泽文化（距今约5800—约4900年）、良渚文化（距今约5300—约4400年）和广富林文化（距今约4000年）。马家浜文化、崧泽文化、良渚文化、广富林文化共同构成上海地区的史前文明。

一、马家浜文化：史前文明之启幕

距今约6000年前的马家浜文化是中国长江下游地区的新石器时代文化，因浙江省嘉兴市南湖乡天带桥村马家浜遗址而得名。马家浜文化的出现代表着江南地区人类历史的正式启幕。目前在上海地区共发现三处马家浜文化遗址，即青浦区崧泽遗址、青浦区福泉山遗址和金山区查山遗址。这些遗址的发掘为我们揭示了远古时期上海先民生产、生活的概况。

远古的上海地区有丰富的森林植被和水源，因此采集和渔猎成为马家浜文化时期上海先民的主要生产方式。先民们每日穿梭在林地和湖沼中，他们分工合作，女子采摘杏梅、桃子等植物果实充当食物，男子则捕鱼、打猎。为了狩猎更容易成功，他们把骨镞与箭杆配合在一起使用，形成了弓箭。弓箭可以射杀动物，同时也可以用作防身武器。他们穿梭在森林中，用弓箭射杀麋鹿、梅花鹿、獐和水牛等野生动物作为食物。他们也会捕捞水中的蛤、蚌、龟和鱼等来食用。

在马家浜文化时期，虽然上海地区已形成陆地，但是陆地上还是分布着很多湖泊、沼泽。为了居住更舒适，先民们选择在地势比较高爽的地方建造家园。他们一般用树木、芦苇、草和竹席建造房屋。先用木头柱子撑起房顶，用树枝或芦苇杆围成墙，再涂上泥巴，这样的房屋就可以挡风遮雨了。

马家浜文化建筑遗迹[1]

在马家浜文化时期,上海先民有一个重要发明——开凿水井。上海地区经历了漫长的海陆变迁才成陆,不仅濒临海洋,而且河网众多,湖泊沼泽遍地,生活在这里的先民不缺乏水源,但是上海地区的海潮时常起起落落,倒灌的海水不仅让陆地含盐量高,而且陆地上的淡水也变得盐分过多,味道苦涩,无法饮用。因此,上海先民先学会利用天然的水坑积蓄淡水,后来又学会开凿水井来利用丰富的地下水。地下水比较稳定,而且干净卫生,先民的生活条件大为改善。

马家浜文化时期的上海先民还懂得使用石料制作各种工具。他们把石料磨成斧或者锛,中间穿孔。他们用斧、锛砍伐和加工树木,有时候也把它们当作武器使用,与外族人或者野兽作斗争。除了使用石质工具,他们也经常利用动物骨骼制作生产生活工具,比如骨凿、骨镞、骨锥和骨针等。

马家浜文化时期的上海先民已不再赤身裸体或者穿草裙、树叶遮蔽身体,已经懂得纺织。他们使用纺轮把野生葛纺织成布料缝制衣物。在制作衣物时,他们也会利用动物皮毛,用骨锥和骨针将其缝制起来。除了穿着带有美感的衣物外,早期的上海先民

1. 熊月之总主编:《上海通史第2卷 史前时期至华亭建县以前》,上海:上海辞书出版社,2017年。

考古上海：上海地区文明曙光

方梯形石斧[1]

还经常利用装饰物美化自己，如耳饰品玉玦、挽发饰品骨笄。

马家浜文化时期的上海先民会制作各种陶器。牛鼻耳陶

1. 陈燮君主编：《上海考古精萃》，上海：上海人民美术出版社，2006年。
2. 陈燮君主编：《上海考古精萃》，上海：上海人民美术出版社，2006年。

凸弧刃石斧[2]

罐就是常见的一种,这种罐子不仅是非常实用的贮存器,也可以用来烹饪。为了更好地进行炊煮与节约柴火,先民们还发明了地灶。他们把陶箅放在炉膛中间,上面放柴火,燃烧后的柴火灰烬便自然落到地灶底部,更多的氧气便可以进入地灶中间,炊煮的火候得到一定保证。陶釜作为主要的炊具之一,经常和陶箅搭配使用,草木燃烧的火候可以很好地烹饪陶釜中的食物。

牛鼻耳陶罐[1]

1.陈燮君主编:《上海考古精萃》,上海:上海人民美术出版社,2006年。

考古上海：上海地区文明曙光

宽檐直筒腹陶釜[1]

1. 陈燮君主编：《上海考古精萃》，上海：上海人民美术出版社，2006年。

二、崧泽文化：史前文明的发展

崧泽文化以首次在今上海市青浦区崧泽村发现的考古遗迹而命名。1958年，当地农民挖塘时发现古物，1961年和1974年，考古工作者又进行了有计划的发掘，先后共挖出古墓100座，还有大量的石器、玉器、骨器、陶器和兽骨、稻种等。

崧泽文化距今约5800—约4900年，属于新石器时期母系社会向父系社会过渡阶段。除了崧泽遗址，在青浦区的福泉山遗址、金山坟遗址、寺前村遗址和松江区的汤庙村遗址、姚家圈遗址、平原村遗址和广富林遗址也发现了崧泽文化遗迹。崧泽文化在上海地区有多处遗址，说明崧泽文化时期上海先民群体的发展壮大。

根据考古发现，大致可以判断崧泽文化时期的上海先民属于蒙古人种的南方类型。他们大部分都有铲形门齿，脸部的颧骨比较前突，眼眶则比较圆钝。据福泉山遗址发现的部分男性人骨数据，推测崧泽文化时期男性先民的平均身高约1.64米。

崧泽文化时期的上海，气候虽然依旧以温热、湿润为主，但温度和湿度比马家浜文化时期有一定降低。当时年平均温度比如今高0.9℃~1.5℃，年平均降水量与现在基本一样。这种气候环境，使上海遍布的湖泊沼泽地面积开始缩小，数量也开始减少，平原和适合耕作的陆地越来越多，这为上海先民发展耕作农业和蓄养牲畜提供了条件。

崧泽文化时期的上海先民在农业方面已有很大的发展，这表现为他们在耕田时已经使用石犁。石犁不仅提高了耕作效率，而且锻炼了先民团结协作的能力。随着农业耕作逐渐发展，渔猎时代慢慢远去，农业成为崧泽文化时期上海先民主要的生产方式。

温暖湿润的气候，特别适合水

稻的种植与栽培，水稻的种植已经成为比较普遍的现象。对于肉类食物的获取，还是以狩猎野猪、野狗、水獭、獾、麋鹿、梅花鹿、獐等野生动物为主。此外，他们还采集各种野菜野果充当食物。

在崧泽文化中晚期，上海地区的地理环境经过长时间的演变，有更多的淡水湖泊产生，更多的干爽高地和陆地出现，适合上海先民生存的地方越来越多。比如广富林遗址、姚家圈遗址、汤庙村遗址和金山坟遗址等，这些地区在崧泽文化中晚期之前，基本都属于原古潟湖地区或低洼地区。因为自然环境的演变，上海先民开始在这些地区建造家园。

崧泽文化时期先民居住的房屋一般都采用木骨泥墙，将芦苇抹上泥土，用火烧烤后成型。为烹饪和取暖的需要，他们还会建造灶塘，用以搭配陶鼎和陶鬶等炊具进行烹饪。

崧泽文化时期上海先民不仅会开凿水井，还继承和发展了马家浜文化时期的凿井理念和技术。马家浜文

石犁[1]

---

1. 陈燮君主编：《上海考古精萃》，上海：上海人民美术出版社，2006年。

化时期开凿的水井比较原始，对于井壁并未进行过多的处理，基本上就是土构井。但到了崧泽文化晚期，上海先民已经开始有意识地对井壁进行处理。他们会对井壁加上一些防护措施，以防止打水时盛水的器具触碰到泥土的井壁而让水变浑浊。

崧泽文化时期，上海先民的石器加工能力和技术水平进步很大。他们不仅开始在固定的场所进行有步骤、有技术的石器加工，而且石器的种类也非常丰富。

当时的石器生产工具以斧、锛、凿、纺轮为主，还有铲、矛和砺石等。考古发现了较多的穿孔斧，先民一般先打制出想要的斧头形状，然后将通体磨制光滑，再利用竹或骨等加工器具对斧进行钻孔。目前，上海地区崧泽文化遗址已经发现的斧有舌形石斧、环弧形石斧和带镦石斧。舌形石斧形状比较狭长，整体被精磨光滑，中间部分比较厚，两侧

舌形石斧[1]

---

1. 陈燮君主编：《上海考古精萃》，上海：上海人民美术出版社，2006年。

环弧形石斧[1]

偏薄,这种石斧不管是外观还是制作技术都有很大的进步和提升,是比较珍贵的创造品。环弧形石斧的制作难度更大,因为它的材质比一般的石料更加坚硬,这对打磨抛光的技术要求更高,它的整体外形是偏薄的,刃部是环弧形,所以叫环弧形石斧。研究者推测这种石斧应该是被当成某种礼仪工具或有其他特殊的用途。带镦石斧也具有一些礼仪功能,它被打磨得更加精细,还配上了精致的骨镦,对后来良渚文化出现的重要礼器玉钺的制作产生了重要影响。

1. 陈燮君主编:《上海考古精萃》,上海:上海人民美术出版社,2006年。

折角足盆形大陶鼎 [1]

---

1. 陈燮君主编：《上海考古精萃》，上海：上海人民美术出版社，2006年。

崧泽文化时期的上海先民不仅获取食物的能力变强，对于烹饪和摆放食品的器具也有新的改进与发明。他们在制作这些器具时，特别注重功能性和实用性。很多时候，他们也开始追求器具的美感和艺术性，在创造一些用具的时候越来越重视造型和装饰。先民日常最主要的烹饪器具就是鼎和甗。

鼎是中国最传统的炊具，新石器时代人们已发明使用，延续传承了数千年。马家浜文化时期的上海先民经常将陶釜和陶箅搭配使用。那时候的陶釜一般没有支座，但富有智慧的先民将陶釜设计成带有支座的连体款式，就形成了鼎的模样，它的支座一般都是三足。崧泽先民创造使用的鼎形状多样。迄今为止，已经发现并保存下来的崧泽鼎有釜形、罐形、盆形、盘形、钵形、碗形等，下附的三足也有舌形、铲形、凿形、凹弧形、侧足形、出脊形等。折角足盆形大陶鼎是上海迄今发现的最大的陶鼎，按一般人的食物摄入量计算，可解决20多人的吃饭问题。那时候的上海先民共同劳动，一起生活，这个大鼎应该是最适合他们的炊具。

甗是隔水蒸煮食物的专用炊具，具备烧煮和汽蒸两种功能，其发明改变了人们的饮食结构。崧泽文化时期的上海先民发明制作的甗造型各异，充满美感。扁凿足陶甗的腰部有一个

扁凿足陶甗 [1]

1. 陈燮君主编：《上海考古精粹》，上海：上海人民美术出版社，2006年。

鱼鸟形玉璜[1]

斜向的孔,通过这个孔,可以一直往甗内加水,保证烹饪的顺利完成。还有一种带有盖子的甗,叫作侧足带盖陶甗。它的盖子像一个倒盖着的盘子,甗内在腰部有一圈凸出的棱边,可以放置蒸架。

除了鼎和甗这样的炊具,崧泽文化时期的上海先民还制作了豆、壶、瓶、杯、罐、缸等各式各样的陶器,盛放食物和生活物资。

崧泽文化时期的玉器制作比马家浜文化时期有了很大的发展,先民制作了各种玉装饰品,如玉璜是崧泽先民最爱的装饰物,它佩戴于胸部或颈部,有弯条形、半环形、长条形、鱼形、半璧形等样式。此外,还有非常特别的鱼鸟形,绿白相间,一端像鱼,一端像鸟,两者自然交融,成为独特的艺术品。崧泽文化时期的玉玦跟马家浜文化时期的一样,是夹套在耳上的装饰物。玉镯、玉环等则出现稍晚,直到崧泽文化晚期才有,它们都属于手腕部装饰品。

玉玦[2]

1. 陈燮君主编:《上海考古精萃》,上海:上海人民美术出版社,2006年。
2. 陈燮君主编:《上海考古精萃》,上海:上海人民美术出版社,2006年。

三、良渚文化：史前文明的高峰

良渚文化距今约5300—4400年，其命名来源于今浙江省杭州市余杭区良渚镇良渚遗址的发现。良渚文化在长江三角洲地区已经发现的遗址大约有300处。在上海地区，已发现福泉山遗址等14处有良渚文化遗存的遗址。

良渚文化上承崧泽文化，下启广富林文化，是上海地区乃至于整个长三角地区史前文化的高峰。这段辉煌历史的出现，离不开稻作农业。良渚文化时期，稻作农业从原始的粗放型向精耕细作型发展。同其他地区的良渚先民一样，为了提高耕田的利用率，上海地区的良渚先民对水稻田进行比较先进而细致的规划。为了更好地开展农业耕作，他们在改良原有农具的基础上，还不断发明新的工具以提高耕作的技术和效率，经过他们改进的石犁，刃部比崧泽文化晚期的更加小而尖细，但犁的身体形式变得更大，更便于进行翻土工作。当水稻成熟时，石镰便发挥作用。它的形状像弯弯的月亮，比石刀更适合收割水稻。

凸底石犁[1]

---

1. 陈燮君主编：《上海考古精萃》，上海：上海人民美术出版社2006年。

新出现的工具以耘田器和斜柄石刀最突出。耘田器是良渚文化特有的器形，像一个大大的V字形，有人认为它是用来在耕作过程中除草的。斜柄石刀的形状有点像三角形，刀背是斜的，顶端位置有一个凸出来的小短柄，方便使用。石刀一般可以用来砍伐竹子、小树或者猎杀动物，在石刀出现之前，用来砍和劈的石质工具一般有石斧、石钺、石凿、石锛等，刀比这些工具更轻薄，使用也更加方便灵活。正是因为这些优点，良渚先民使用刀的频率越来越高，也使他们能够创造更加精细、实用的生活用具，比如竹编的篓和篮等，这与刀能够处理竹子、进行劈篾的工序是分不开的。

与稻作农业的发展相适应，在良渚先民的饮食结构中，稻米占主要地位。此外，他们还通过采集和狩猎来补充食物来源。上海地区优越的自然环境所蕴藏的丰富的野生动植物资源，是他们最重要的食物补充。良渚先民的食物来源非常广泛和多样。在良渚文化遗存中，植物遗存和动物遗存都非常丰富，有芡实、甜瓜、葫芦、桃核、楝、菱角、悬钩子属、紫苏等蔬菜和植物的果实，有家养的牲畜和各种野生动物，比如猪、狗、水牛、麋鹿、梅花鹿、獐、鳄鱼等，也有田螺、牡蛎、文蛤、青蛤、软骨鱼、硬骨鱼、鳖、乌龟、鲇鱼、鲤鱼、黄颡鱼等。

用于饮水或饮酒的各种陶器依然是良渚先民最重要的生活用具。这些器具不仅功能分明，而且造型多样。鼎、甗作为良渚先民最主要的炊器，两者的外形非常相似，足一般都是鱼鳍形或T字形，想要作区分，就得观察它们的腹部是否有注水孔。甗在下腹部有一个注水孔，内壁还有一周的突棱作为隔挡，以方便随时加水蒸煮食物，而鼎是没有这个注水孔和突棱的。

良渚先民一般用豆、双鼻壶、圈足盘、簋、三足盘等盛装各种食物。在众多的盛食器中，双鼻壶是良渚文化的重要标示器物。双鼻壶的口沿部有两个贯穿的小耳，因此得名。双鼻壶的分布范围非常广泛，几乎遍及整个良渚文化分布区。

上海良渚先民在制作这些丰富多样的陶器时，继承了前人的精湛技艺，又有所创新。如他们懂得运用轮制成型再加以整修的方法制作陶器，在他们的巧手下，泥料随着陶轮的旋转被拉成各种陶器坯体。相对于前人的泥条盘筑法，这是一

耘田器[1]

斜柄石刀[2]

1. 陈燮君主编：《上海考古精萃》，上海：上海人民美术出版社，2006年。
2. 陈燮君主编：《上海考古精萃》，上海：上海人民美术出版社，2006年。

双鼻壶[1]

1. 陈燮君主编：《上海考古精萃》，上海：上海人民美术出版社，2006年。

凹弧边刻符玉璧[1]

个很大的进步。在陶器的装饰上，良渚先民喜欢以素面为主，有时候也在陶器表面刻画上弦纹、竹节纹、刻划纹或者锥刺纹等进行装饰。在少数陶器上，还会有更精美的装饰纹，如双鼻壶、圈足豆上，时常会看到涡纹、勾连纹、编织纹、曲折纹和鸟纹等精美的细刻纹图案，体现出艺术与生活的完美结合。

良渚文化的玉器在中国玉器发展史或世界玉器发展史上都独树一帜。上海地区也出土了较多的良渚文化时期的玉器，这些玉器的主要器形有琮、璧、瑗、珠、管、坠、玦、璜、镯等，器型多样，造型完美。玉器材质润洁、美观，制作精细，而且不易获取，所以它就成为先民追求美感、体现自身价值的最好选择。良渚先民

1. 陈燮君主编：《上海考古精萃》，上海：上海人民美术出版社，2006年。

作为长江三角洲史前文明高峰的良渚文化，生产领域分工高度专门化，农业和手工业分化明显，导致社会结构日益复杂，有了财富集中和贫穷等社会现象，出现了有宗教权力的祭师、世俗化的王权、一般平民等阶层，需要文化认同来维系。良渚先民创造出了特有的信仰体系，这一信仰体系最核心的体现是装饰于各类玉器表面的神人兽面纹。神人兽面纹的会把玉石制作成珠、管、坠、玦、璜、镯等，每逢重大的氏族节日或者祭天地的时候，都会把玉璜、玉玦等这些美观的器物佩戴在身上，随性而舞。此外，良渚文化玉器上神秘纹饰所负载的宗教含义，也能让佩戴者寻找到与神灵相通的满足感。因此，大量的日常用玉器成为良渚文化玉器体系中另一个重要组成部分，比如玉梳背、玉锥形器等装饰品。

神人兽面纹[1]

---

1. 陈燮君主编：《上海考古精萃》，上海：上海人民美术出版社，2006年。

上半部分为头戴羽冠的神人，神人身体与下半部分的神兽连接在一起，神兽为卵形大眼、大鼻子、獠牙阔嘴的形象，神兽的下肢作蹲踞状，脚呈爪状。神人兽面纹在上海地区良渚文化时期的墓地出土的器物中也有发现，其中最为细致的神人兽面纹图案发现于福泉山遗址吴家场墓地207号墓的象牙权杖之上。象牙权杖上的神人纹饰为羽冠、梯形脸、小圆眼；兽面纹饰有卵形大眼、鼻梁、鼻子和嘴巴；除了主题纹饰，以细密的云雷纹作地纹。此外，兽面纹和鸟纹也是良渚先民信仰体系中重要的组成部分。

实物崇拜以及权力崇拜也是良渚先民重要的信仰之一。就上海地区而言，良渚文化时期最具代表性的信仰或者崇拜的物件的是象牙权杖。象牙权杖于2010年在福泉山遗址吴家场墓地207号墓中被发现，一共出土了两件。其中一件保存完好，它有镦，象牙权杖主体为片状结构，利用整根象牙剖磨制成，器物表面装饰有精美繁缛的细刻纹饰，刻有10组神人兽面纹。权杖主体上大下小，顶端平直，下端为凸出的榫状结构，插入镦部。这是上海地区乃至全国的新石器时代考古发掘中首次完整清理出的象牙权杖，它的发现也说明良渚文化礼器系统中，除了以往认为的玉质礼器，还存在以稀有资源为材料的其他质地礼器，或者说玉石不是良渚文化礼器的唯一材质来源。

良渚文化时期，生产工具、生产技术和物质生产达到一定发达的程度，精神信仰也初步建立，社会分层逐渐深入与明显，创造了较高阶段的史前文明。发现良渚文化之前，人们往往认为中华文明是以中原为中心发展起来的，中原文化是中华文明的基干。然而，良渚文明的发现以及辽宁牛河梁、安徽凌家滩、湖北石家河等遗址的发掘，人们逐渐认识到中华文明是"多元一体"地发展起来的，并不是以某个地区，如中原为基干发展起来的。

随着环境与气候的急剧变化等多种因素的相互作用，良渚文化后来走向衰落，中国史前文明又进入下一个历史时期——广富林文化时期。

兽面纹象牙器[1]

---

1. 陈燮君主编：《上海考古精萃》，上海：上海人民美术出版社，2006 年。

四、广富林文化：与黄河流域文明的交融

上海地区并没有因为良渚文化的衰落而停止前进的脚步，距今约4000年前，又出现了广富林文化。

1959年，在今上海市松江区方松街道广富林村发现了一些不同于长江三角洲地区本地传统的原始文化遗物。经考古工作者考古发掘和分析，发现这个考古遗迹同黄河流域的龙山文化的王油坊文化类型有很重要的联系，并认为创造这个史前文化的先民来自黄河流域。

龙山文化的王油坊文化类型的命名来源于河南商丘的永城王油坊遗址，这种类型的遗址集中分布在河南东部、山东西南部和安徽北部。在远古时代，黄河流域与今上海地区的交通十分不便，那么这批先民为何要远走他乡，来到上海地区？他们又是如何从黄河流域迁移至广富林地区的？据研究，很可能是由于黄河流域在龙山文化时期发生了持续很久的社会大动荡，各部族之间出现了大分化、大重组。一部分王油坊文化类型的先民可能出于躲避动荡和战乱的考虑选择远走他乡，开辟新的生活园地。他们先来到江苏北部的里下河流域，暂住一段时间后继续前行，最终停留在广富林地区。

广富林地区在崧泽文化晚期就开始出现人类生活的痕迹，此后，人类在这里生产生活的足迹就没有消失过。不远千里迁徙而来的王油坊文化类型的先民到来之时，这里已经具备良好的人类繁衍生息的自然条件，因此，他们就选择了这块被开发利用已久的土地。之后，他们又慢慢地发展到其他区域。

广富林文化时期的先民是上海地区最早的移民，他们的到来，使长江与黄河的早期文明有了交流的契机，也为上海本土文化在衰落之际注入了新的活力。然而广富林文化并不是王

油坊类型的复制品，它们有相似之处，更有所不同。比如，广富林文化时期的先民和王油坊文化类型时期的先民在制作陶器时，很多装饰的手法都是一样的，在陶器的造型和类别上也有很多相同点，他们的制作手艺就像被同一个老师训练过。但是广富林文化时期的先民又有自己的创造性，如他们制作的鼎，形状上与王油坊类型的一样，都是侧装三角足模样，可是在对鼎进行装饰时，通常会在鼎的腹部用弦纹点缀，底部则是有点错乱的绳纹，这种装饰手法与王油坊文化类型时期的先民主要用篮纹、绳纹或大方格纹美化鼎有很大的区别。广富林文化时期先民制作的直领瓮的外部形状同样跟王油坊文化类型时期的先民一样，但是装饰有所不同。后者的装饰以篮纹为主，而前者的肩部常常使用组合比较丰富的刻画纹饰和弦纹，有时候甚至不加任何装饰，完全保留着素面。

广富林文化时期，上海地区仍然湿热多雨，这一时期海平面又开始上升，海水沿着古河谷侵入广富林区域。丰富的水资源使得这时候的水生草本植物非常繁茂，而木本植物相对变少。在动物种类方面，有着丰富多样的鱼类和贝类等水生动物，还有很多喜欢生活在河谷、河岸、湖边、山林、竹林、宽阔地带灌木丛、沼泽草地或芦苇地的野生动物。总体来说，广富林聚落遗址的自然环境应该是以湿地草原环境为主，周围地势起伏不大，水域面积广，沼泽地带、灌木丛和森林范围大，野生动植物资源丰富。野生动植物是广富林文化时期上海先民重要的食物来源。

当然，广富林文化时期上海先民的主要食物来源还是以水稻为主，上海地区稻作农业的传统被他们继承。在聚落遗址中，发现了多件三角形石犁，这些石犁基本延续了崧泽文化、良渚文化传统的形制。但是广富林文化时期的先民对石犁进行了一些改造，让石犁的器型更大，犁头的角度更尖锐，从而提高了犁耕的效率。在收割稻穗时，他们也使用一种新的工具，即与石镰很不一样的半月形的石刀。

除了稻作农业，家畜饲养也是他们食物的重要补充。他们饲养的家畜主要是猪、狗、水牛等，此外，广富林文化时期的先民还栽培葫芦、甜瓜等蔬菜类植物。

广富林文化时期，先民的劳动能

力和生产工具虽然有所改进,但只靠劳作依然无法完全满足维持生存的食物需求,狩猎和采集依然是他们生活中的重要组成部分。当时,野生动物种类非常丰富,通过遗址发现的骨骼,可以辨认的有麋鹿、水鹿、梅花鹿、獐、麝鹿、野猪、野水牛、野狗、貉、獾、大象、老虎、雁、鸭、鹤、龟、鳖、扬子鳄和黑鱼、鲤鱼、鲈鱼等二十几种。他们主要利用镞进行狩猎。镞是弓箭的重要组成部分,是一种重要的远程进攻性武器,一般被广泛运用于狩猎或战争中。广富林文化时期先民制作的石镞或骨镞一般为三棱形,比良渚文化的柳叶形镞杀伤力更大。此外,广富林遗址区域的野生植物资源也非常丰富,他们食用的有芡实、菱角、冬瓜、桃、桃核等。

在烹饪方面,广富林文化时期的先民还是以鼎和釜作为主要的炊器。鼎的使用率更高,数量也相对较多,一般有小口罐形鼎和大口罐形鼎两大类。有意思的是,马家浜文化时期先民制造陶器所用的泥条盘筑法,广富林文化时期的先民也在使用。他们一般会在制作大型陶器时使用这种方法,瓮就是常用的比较大型的储藏用器。在制作时,一般用这种方法制作出器形,将底部拼接起来,然后慢慢修整瓮口和其他地方,或许还会配上一些简单装饰。除了瓮,陶罐也是他们会用到的一种储存器,而且陶罐的种类非常多,大小、装饰各异。这一时期,先民的其他生活用具的种类也非常齐全,比如盛食物的陶豆,煮酒温酒的陶鬹、陶盉,盛水用的钵、盆、杯和纺织用的石纺轮等,这使他们的日常生活更加便利。

三角形侧足陶鼎[1]

---

1. 陈燮君主编：《上海考古精萃》，上海：上海人民美术出版社，2006年。

第二编 上海之源

吴淞江·黄浦江

上海之源

上海坐落在长江三角洲的东部。长江三角洲北面以长江为界,南面以钱塘江为界,中间是吴淞江,其中心区域是太湖以东的平原与冈身所形成的三角形地带。因境内拥有诸多水系水体,河湖密布、河道纵横交错,因此这一区域也被称为江南。

水对于江南极为重要。它是稻作农业发展的基础,同时发达的水网也为货物的流通和商品经济发展与繁荣提供了十分重要的运输条件。因此,水是江南经济发展最为重要的资源。同时,因降水丰沛,植物茂盛,江南地区呈现山青水秀的自然景观,备受文人墨客的青睐,他们笔下的江南,充满诗情画意。

就地理位置而言,上海地区并不位于江南中心的位置,但是通过境内的两条河流,即苏州河和黄浦江,与太湖和太湖流域内的各河流、湖泊连为一体,成为江南水乡的一个组成部分。苏州河、黄浦江在上海地区的发展和上海城市的兴起、繁荣过程中具有十分重要的地位,可以说它们都是上海的母亲河。这两条河都发源于太湖,因此,上海之源就要从太湖和江南水乡的形成讲起。

大约在春秋到西汉末年,太湖由多湖合为一湖,此前注入太湖的三条主要河流(古称"三江")当中的中江从太湖流出后,成为吴淞江并入海,而吴淞江的上游流经的吴江地区,唐代时称"松江"。清代大学者钱大昕的著作中曾做如下记述:"唐人诗文称松江者,即今吴江县地,非今松江府也。松江首受太湖,经吴江、昆山、嘉定、青浦至上海县,合黄浦入海。亦名吴松江。"

吴江原为一片水域,汉唐以前,这一带尚处于浅水覆盖的沼泽化状态。宋以后,由于受运河对太湖出水产生拦截作用的影响,水流流速减缓,形成落淤。在落淤的基础上,逐渐堆叠形成了碟形洼地与小湖泊。生活在此地的人们对这些洼地和小湖泊进行改造,形成可利用的圩田。

圩田亦称"围田",系由汉以前的围淤湖为田发展而来,至唐代已相当发达。基本营造方法是在浅水沼泽地带或河湖淤滩上围堤筑坝，把田围在中间，把水挡在堤外；围内开沟渠，设涵闸，平时闭闸御水，旱时开闸放水入田，因而旱涝无虑。生活在吴江地区的人民也掌握了这个方法，他们在水中筑堤，沿堤开圩，形成了圩田与河道网络。这些圩田或用于种植水稻，或养殖鱼虾，吴江地区由此渐成富庶的鱼米之乡。这些密布的河道网络推动了江南地区商品经济的发展和市镇的繁荣。

圩田棋布、河网枝蔓的江南水乡的基本格局形成，这从当时对江南水乡水体的不同称谓当中即可反映出来："纵而为沥，横而为塘，大者为港，次者为浦，转而为泾，分而为浜，回而为湾，合而为汇，派而为沟、为漕。"[1]

在这众多的河流当中，吴淞江和黄浦江滚滚东流，在奔向海洋的同时，也塑造了沿岸的水乡风貌，促成了古代上海地区的开发，催生了上海港和上海城市。

1.（清）王初桐纂，《方泰志》卷一《水道》，嘉庆十二年刻、民国四年排印本。

一、吴淞江、黄浦江的变迁

吴淞江

又称松江、吴江、松陵江、笠泽江。吴淞江发源于南太湖口。古太湖水面辽阔,一望皆平。北宋庆历年间,吴淞江的太湖出口由松陵镇以南改道至垂虹桥(又名长桥)。至明清时期,由于太湖口逐渐淤狭,吴淞江出水口逐渐移至东太湖瓜泾口。瓜泾口也是现在的吴淞江太湖出水口。

吴淞江在古代最常见的名称是"松江"。唐代学者陆广微在《吴地记》中则记录:"松江一名松陵,又名笠泽也。"至北宋时期,时人所著水利书中,松江、吴淞江(当时也作"吴松江")两个名字往往同时出现。直到元代改华亭府为松江府后,才废弃松江之名,始称吴淞江,并为后世所沿用。

在江南地区海岸线东扩的过程中,吴淞江的入海口也随之多次发生改变。东晋时,吴淞江入海口在今青浦区东北旧青浦镇西的沪渎。唐代中期,移至今江湾以东。到了北宋时期,太湖仅有吴淞江一个主要排水通道,其入海口东移至南跄浦口(今复兴岛以东内高桥附近),后又改入大跄浦口(今吴淞口)。

吴淞江早年河道宽阔,唐代时其河口宽达二十里。后河面逐渐收窄,北宋时仍有九里。北宋水利学家郏侨云:"吴松古江,故道深广,可敌千浦。"吴淞江一直是太湖以东地区排洪的重要水道。旧时吴淞江有南支流九十六条,北支流八十二条,且有五汇(大湾子)、四十二弯(小湾子)之说。

早在两晋时期，由于长江中下游开发过度，水土流失加剧，导致长江含沙量增加，泥沙堆积速度加快，吴淞江河口开始淤浅。宋元以后，淤浅日渐严重，导致水患频繁发生。因此，宋以后的各个朝代，均采取各种措施，对吴淞江进行疏浚和治理。北宋宝元元年（1038年），朝廷下令裁直吴淞江介于华亭、昆山之间的盘龙汇弯道，从沪渎入海，河道长度由原长四十里减为十里，水患有所缓解。北宋嘉祐六年（1061年），废止旧河道，开辟自白鹤汇北至盘龙浦北且缩短四十里的新河道，并裁直吴淞江中游的弯道白鹤汇。北宋熙宁年间，裁直吴淞江南岸白鹤汇、盘龙汇之间的顾汇浦。北宋崇宁二年（1103年），因青龙江流水不畅，潮泥湮塞，遂开凿自封家渡古江（今黄渡东封家浜一带）至大通浦的河道，到河口共七十四里，这是吴淞江开挖河口的最早记载。北宋大观三年（1109年），两浙监使请求开浚吴淞江且置十二闸，该工程于次年动工，这是吴淞江下游置闸的最早记载。南宋乾道七年（1171年），修建运港堰堤，汇集浙江及淀山湖泖淀区水流汇入松江，河口为南跄浦口。

到了元代，吴淞江下游淤塞仍然十分严重，虽然多次疏浚，仍无法解决吴淞江泄水问题。后在嘉定县赵浦和上海县乌泥泾、潘家浜设水闸，试图通过水闸定时放水冲走淤积泥沙的办法限制海潮带来的泥沙沉积，但收效不大。在明清两代，曾经对吴淞江进行多次疏浚，但仍屡浚屡淤，吴淞江日益萎缩，河口也日渐收窄，特别是在明朝实施"江浦合流"治理工程后，吴淞江降为黄浦江支流。

黄浦江

又名春申江、黄歇浦。相传因东周楚国国相春申君黄歇开凿而得名。

黄浦江发源于淀山湖。淀山湖又称薛淀湖、淀湖，因湖中有淀山而得名。据南宋绍熙《云间志》记载："淀湖周围，几二百里，茫然一壑，不知孰为马腾，孰为谷湖也。"由此可知最迟在南宋时期，淀湖已形成。

古黄浦江曾是吴淞江的一条东西向支流。"浦"是古吴语中是"河"的意思，而"黄浦"作为水道名最早出现是南宋乾道七年（1171年）。据史书记载："（华亭）县东北有俞塘、

上海之源 — 在上海发现江南

黄浦塘、盘龙塘通接吴淞江，皆泄里河水涝。"[1]南宋淳祐十年（1250年）的西林（今浦东新区三林镇西）南积善寺《碑记》亦云："西林去邑不十里，东越黄浦，又东而北汇，所谓江浦之聚（古黄浦和吴淞江汇合处）也。"此处"黄浦"指今黄浦江上游闸港、三林塘交汇处，为吴淞江支流，"黄浦"之名这时才正式出现。元代时，有关黄浦的记载逐渐增多。《元史·地理志》载"黄浦在县东，大海喉吭也"。元大德年间，任仁发《水利书》记黄浦"阔尽一矢之力（约50米）"。因河道渐宽，因此有"大黄浦"之称。这时的黄浦江与吴淞江合流于南跄浦口入长江。后南跄浦口亦淤浅，黄浦遂流至吴淞口入长江。

明时吴淞江下游继续淤积，河道缩减，沿岸水患频发。虽然多次疏浚，但收效甚微。明永乐元年（1403年），户部尚书夏原吉采纳生员叶宗行的建议，放弃原来疏通吴淞江虬江故道（即旧江，今称虬江）的方案，改为拓宽范家浜（今黄浦江陆家嘴至复兴岛河段），使其上接黄浦江（当时称大黄浦），下接南跄浦口，以此分吴淞江水流的办法。此工程开挖了一条12000丈的河道，河面宽30丈，这条新开挖的河道代替吴淞江成为入海干流。这一事件史称"江浦合流"。由于黄浦"占领"了原吴淞江下游一段河道，因此也称"黄浦夺淞"。从此，上海地区以黄浦江为主、吴淞江为辅的水系格局正式形成。明天顺二年（1458年），又凿通吴淞江宋家浜河段，即今吴淞江下游靠近外白渡桥的苏州河段新道，将吴淞江人工南移至外白渡桥入黄浦。至嘉靖元年（1522年）时，黄浦水系已全面形成。明代新河道仍称"大黄浦"，清代始出现"黄浦江"的称呼。

1.《后汉书》卷八十二下·方术列传第七十二下。

二、吴淞江、黄浦江与上海地区的开发及上海港的兴起

上海地区的开发有一个自西向东的过程，今青浦、松江、嘉定等上海西部地区较早被开垦成农田，种植水稻等农作物。到了公元8世纪，一条海堤的修建对上海地区成陆以后的开发起到了重要作用。

唐开元元年（713年），国家鼓励人民开荒垦地，在今天松江、青浦向东约30公里的地方，修筑了南北长50多公里的海堤——捍海塘，用以抵御海潮侵蚀。捍海塘工程对于拒咸、防洪、灌溉意义重大。修建之后，捍海塘以西这块地方开始开垦，土壤得到改良，并且种植麦、稻等农作物。宋元时期，上海地区经济迅速兴起并日渐发达。

宋元时期上海地区兴起的推动力之一是棉纺织业的发展。宋末元初，闽广沿海地区种植的棉花传入上海地区。起初棉花在上海的乌泥泾一带种植。元代元贞年间，纺织家黄道婆从海南岛带来先进的纺织技术，她教会人们碾除棉籽，振弦弹棉，错纱配色，制造和使用脚踏纺车。纺织技术的改良对上海地区经济发展有相当重要的意义。从此，棉花大范围种植，上海地区土地资源得到了更为充分的开发和利用，大片不宜种粮的卤瘠之地，变成植棉良田。此后优质的棉、纱、布成为上海地区特产，促进了商业贸易的兴盛。至明代，上海地区继续发展，成为全国最为富庶的地区之一，人口也迅速增长。

上海地区在开发和兴起过程中，还有一个十分重要的推动力，那就是海洋贸易。上海地区海洋贸易的发展得益于得天独厚的地理位置。

上海地区北濒长江口，东濒东海，南临杭州湾，西部、西北部与江苏的苏州地区相接，西南部与浙江嘉兴地区相接，其区域禀赋具有独特性。

独特性之一是"襟江带海"。此

处的"襟江"是指上海位于长江入海口。长江西起青海,东入大海,全长6300多公里,为中国第一大河,水量充沛,全年适航,沿长江有重庆、宜昌、汉口、九江、芜湖、南京等港口。长江流经四川、湖南、湖北、江西、安徽、江苏、浙江,流域面积达180多万平方公里,约占全国土地总面积的1/5。"襟江"使上海拥有广阔的腹地。"带海"是指上海面向大海,而且上海还具备其他东南沿海港口城市所不具备的优越的地理位置:

其一,处在中国漫长海岸线的中点,沿海向南可达宁波、温州、福州、厦门、广州等南方海港,向北可达烟台、青岛、天津、牛庄等北方港口,能连接长江下游及太湖流域河道的交通系统,能吸收长江及太湖全域,还有川、鄂、湘、赣、皖、苏、浙诸省产物,腹地极其纵深而广阔。这使上海作为港口,远比东南的香港、广州、福州,华北的青岛、天津、营口更为优越。

其二,面向太平洋。上海港距离世界环航线路最近之处不满160公里,西太平洋主要商业航道都在那里汇合,特别是往来于北美西海岸和日本、中国、东南亚地区之间的轮船都走这条航道。因此,上海的远洋贸易条件很优越,上海成为东亚海运中心与这一条件关系很大。

独特性之二是坐落在长江三角洲,属于太湖流域,境内的吴淞江和黄浦江与江南水乡的水网相连通。黄浦江河道较为宽阔,沿江地势低平,水流平缓,整个河道颇多弯曲,十分有利于兴建顺岸码头。因有长江、淀山湖及稠密水网的调节,黄浦江水源充沛,全年水位变化不大,江面雾期亦极少,颇利通航。吴淞江(近代以后称苏州河),全长120多公里,河道宽度、深度均比较适中,适合一般船只航行,是沟通上海和内地水运的重要河道。

通过黄浦江与吴淞江,上海就可以通过水路,与江南、江北以及更远的地方便利地交通。因此,可以说上海内河航运的条件相当优越。

上海自身的区域禀赋适合建立港口,发展商业贸易,尤其是海洋贸易。但是在唐代以前,中国经济文化重心一直在黄河流域,朝廷对于东南海上事务关注不多。随着唐以后中国经济重心转移到江南,海上事务与贸易日益受到重视。唐代与日本、朝鲜、东南亚、南亚的联系都比较频繁。宋代以后，由于其时陆上丝绸之路不通畅，开拓海外贸易受到朝廷重视，海上丝绸之路一度十分繁盛，上海地区的青龙镇和上海镇也在这一时期兴起。

青龙镇的繁盛

青龙镇位于当时吴淞江的入海口，相传是因为三国时孙吴政权在此建造青龙战舰而得名。唐代以前的吴淞江流量丰沛，江面浩瀚。向南有一浦与华亭县城相通，溯江南下可通浙西诸县，溯江向西直达苏州。在唐代，青龙镇的商业已相当发达，是海上丝绸之路的起点。考古发现这里已有手工业作坊，有火炉、铁釜、铁钩、银发簪、青釉瓷罐、水井以及大量来自越窑、长沙窑的各种瓷器。宋代以后，作为上海地区重要的港口，青龙镇开始兴盛起来。据《绍熙云间志》载，嘉祐七年（1062年），青龙镇还只是"潮涨通海，市井人稀"之地，但是到了元丰五年（1082年），青龙镇已有三十六坊，二十二桥，"市廛杂夷夏之人，宝货当东南之物"，港市贸易内贯杭、苏、湖、常诸府，外通漳、泉、明、越、温、台诸州，为"富商巨贾豪宗右姓之所会"。青龙镇是当时上海地区繁忙的对外贸易港，是古代上海地区唯一有国际交往的地方，常有海外人士驻足。其时与青龙镇通商的国家有50多个，东至朝鲜、日本，西至波斯、阿拉伯等国。输出商品有瓷器、绢帛、大黄、铁器等；输入的有香料、珊瑚、象牙、玛瑙等。但宋末元初，由于吴淞江日益淤塞，青龙镇逐渐衰落。明代嘉靖年间，青浦县治曾设于青龙镇，后又移至唐行镇（原属青浦城厢地区，现属青浦区

20世纪60年代的青龙塔

20世纪60年代初的青龙寺

青龙寺与青龙塔

盈浦街道），青龙镇因此有"旧青浦"之称。今青龙镇属白鹤镇辖区，境内有建于唐天宝二年（743年）的青龙寺以及建于唐代长庆年间的青龙古塔和青龙寺。

上海港的兴起和上海城市的形成

由于吴淞江逐渐淤浅，海岸线东移，北宋后期，海船已无法直接驶入青龙镇，于是改泊于吴淞江下游的一个支流——上海浦，即今小东门十六铺岸边。由于船舶停靠，这里逐渐形成聚落。

市以商兴，上海浦边上的这个聚落迅速发展起来，北宋熙宁七年（1074年），上海镇在此设置，先前发生在青龙镇的外贸业务，便主要转移到了上海镇。到了南宋时期，专管航海贸易的市舶提举分司设在上海镇。此后，以市舶分司衙门为中心，建有酒库、拱辰坊、福惠坊、文昌坊、致民坊、受福亭、益庆桥、回澜桥、福谦桥、泳飞桥、齐昌寺等，店铺鳞次栉比，"实华亭东北一巨镇"[1]。元代漕粮改海运，起点就设在上海港，上海港由此成为江南地区重要的出海口和中国东南地区的大港。

城以港兴，元代设立的上海县以上海镇为治所。明代，因吴淞江的疏浚、吴淞江与黄浦江的合流，吴淞江水患问题得以解决，大船可以直接驶至上海县城，奠定了上海良港的基础，上海航运业也因此更为发达。明中叶以后，上海逐渐形成内河航运、长江航运、沿海北洋航运、沿海南洋航运和海外航运五条航线，其襟江带海的自然禀赋得到了充分的发挥。

此外，明代的上海还有一个重要的事件，这就是修筑上海县城墙。出于防卫等方面的原因，中国古代的城市多筑城墙。元代设立上海县后，因上海地区历来被认为"素无草动之虞"，没有修筑城墙的必要，加之修筑城墙需要大量人力、物力和财力，虽屡有建议，但都不了了之。进入明代以后，因常遭来自海上的倭寇侵扰，筑城自卫的问题被紧迫地提了出来。嘉靖三十二年（1553年），上海乡

---

1. 胡焕庸主编：《中国人口（上海分册）》，北京：中国财政经济出版社，1987年。

绅顾从礼奏请筑城,同年九月动工,十二月竣工。新建成的上海县城墙周围九里,高二丈四尺,辟朝宗、跨龙、仪凤、晏海、宝带、朝阳六个城门,另有三处水门。环城四周开掘城壕,与黄浦江和城内大小河浜贯连,具有护城、航运、供水功能。至此,上海县结束了260多年有县无城的历史。

到了清代,上海港更为繁忙,上海县城也更为繁荣。据史书记载,嘉庆年间,黄浦江滨,南北五六里空泊无隙,史称"闽、广、辽、沈之货,鳞萃羽集,远及西洋暹罗之舟,岁亦间至。地大物博,号称繁剧,诚江海之通津、东南之都会也"[1]。当时的上海亦因此成为五方杂处的港口城市。

建于明代的上海县城城墙
图片来源:沈寂主编:《老上海南京路》,上海:上海人民美术出版社,2003年。

---

1. 王大同等修,李林松等纂:《上海县志》陈文述序,嘉庆十九年刻本。

上海之源：吴淞江·黄浦江

鸦片战争前小东门外十六铺（画工曹史亭临摹前人所作的十六铺写生画，道光年间绘）
图片来源：邓明主编：《上海百年掠影：1840s-1940s》，上海：上海人民美术出版社，1992年。

三、苏州河、黄浦江与近代上海城市的繁荣

1843年，上海作为通商口岸正式开埠，此后的百年间，吴淞江（1848年后称苏州河）和黄浦江及其沿岸经历了巨大的变迁。在国内外贸易迅速发展的带动之下，上海港空前繁忙，苏州河与黄浦江的运输功能充分发挥，两岸码头密布。尤其是自19世纪末至20世纪上半叶，随着上海的工业化和城市化，苏州河与黄浦江沿岸分布的工业区和住宅区得以开发起来。可以说，此时的苏州河与黄浦江，是上海城市空间拓展和经济发展布局的轴心。

从吴淞江到苏州河

清政府在鸦片战争中战败，于1842年被迫与英国签订《南京条约》。根据《南京条约》的相关条款，包括上海在内的中国五个沿海城市对外开放。1843年11月17日，上海正式开埠通商。

开埠通商后，英国人可以来沪经商，英国政府在上海设立了管理商务的机构——英国驻沪领事馆。起初，英国驻沪领事馆在上海县城内租房办公，来沪经商或传教的外国人也可以在上海县城自行租房居住。1845年，英国驻沪总领事与上海道台商定在上海县城以北划定一块地皮作为租界。这块地皮北至吴淞江以南的李家厂（今北京东路、圆明园路一带），南至洋泾浜（吴淞江的一条支流，今延安东路），东至黄浦江，西至今河南中路，面积约830亩。1848年，利用青浦教案之机，英租界北界又扩至苏州河。这是外国人在上海设立的第一个租界，也是近代中国的第一个外国租界。

英租界恰好位于黄浦江和吴淞江的交界之处。其时这块地方溪涧纵横，间或有一些陆地露出水面，散落着几

处农民居住的茅草屋。从农耕角度看，这块地方只是一片利用价值不高的荒滩，但是在外国人看来，这块地方很有开发前景。这里靠近黄浦江和苏州河，有一条很长的江岸，商船在这里的江面上停泊，既方便又安全，适合建造码头停泊轮船，是一个良港；并且沿黄浦江或苏州河向内地航行，可以到达广大的乡村。因位于上海县城以北的吴淞江可通往苏州，因此早期来沪外侨将吴淞江下游汇入黄浦江段称为"苏州河"，而吴淞江上游段仍保持原名。

英租界设立之后不久，美租界在苏州河北岸与英租界隔河相望的虹口和沿黄浦江北岸的杨树浦一带设立。1863年，英美两租界合并为上海洋泾浜北首外国租界（也称上海公共租界）。租界合并后，为方便两岸交通，苏州河上陆续建立起桥梁，两岸逐渐连为一体，并且开始了城市化。

上海开埠之前，除了沿岸新闸、老闸两个小市镇之外，苏州河两岸大部分地区都还是乡村景象。开埠后，因往来苏、杭等地的内河船只增多，苏州河日渐繁忙起来，沿岸因船舶停留而形成港区，一些提供船舶修理服务的铁铺随之在这里出现。19世纪

20世纪初的苏州河上游

图片来源：上海市历史博物馆编：《上海旧影》，上海：上海书画出版社，2010年。

末,依据中日甲午战争之后签订的《马关条约》,苏州、杭州开埠,并且允许小轮船进入内河,从上海驶往苏南和浙北的小轮船因而激增。这些小轮船公司的码头都设在苏州河下游两岸,由此形成了苏州河下游繁忙的内河港区。

上海开埠通商之前,苏州河上桥梁仅有重建于康熙十一年(1672年)的三洞石闸(今福建路桥处),闸上有桥,可通行人。除此之外,两岸来往都靠船渡。1863年英美两租界合并之后,为解决苏州河南北两岸英租界与美租界的交通,在苏州河上相继修建了多座西式桥梁。苏州河最早建起来的桥梁是1856年建成的"威尔斯桥"。该桥梁靠近苏州河与黄浦江的交汇口(靠近今外白渡桥),由上海外侨威尔斯出资建造,行人须交"过桥税"后方能通过。为方便船只通过,该桥设活动桥面,船只通过时,需将桥面吊起。1873年,上海租界工部局出资在威尔斯桥东建造了一座木质浮桥,威尔斯桥被拆除。该桥梁免收

外白渡桥附近的苏州河

图片来源:上海市历史博物馆编:《上海旧影》,上海:上海书画出版社,2010年。

四行仓库

过桥费,因此也称"外白渡桥"或"外摆渡桥"。至1906年,因不能适应交通发展的需要,另建钢桥代替原木质浮桥,即今外白渡桥。

外白渡桥建成后,苏州河上又相继建起里摆渡桥(今四川路桥)、三摆渡桥(今河南路桥)、老垃圾桥(浙江路桥)、新垃圾桥(今西藏路桥)、汇通桥(恒丰路桥)等多座新式桥梁。

便利的河运条件,加之桥梁、道路的修筑以及自来水厂等市政设施的建成,自19世纪末起,苏州河沿岸,尤其是闸北地区,因地价便宜,清政府官僚和民族资本家纷纷来此争购地皮,建厂开店,苏州河沿岸的工商业由此繁荣起来。如荣宗敬、荣德生就将他们在上海开办的第一家面粉厂——福新面粉一厂设在西藏北路以西苏州河北岸的闸北华界。此地紧靠苏州河,极易解决运输问题,在此建面粉厂,条件相当优越。来自江南的成熟的小麦通过大小船舶由苏州河运进来,卸下后存入堆栈待加工。在厂房里加工好的面粉又由苏州河运出。

1931年,福新面粉一厂附近又建造了一幢高大坚固的建筑——四行仓库。四行仓库由当时中国著名的大银行共同兴建,建成后用作金城、大陆、盐业、中南四个银行储蓄会的堆栈,故称"四行仓库"。四行仓库是一幢6层高的大楼,钢筋水泥浇筑框

1849年的外滩

架,花岗岩条石砌墙,异常坚固,且有地下室隐蔽。东西北三面均为高墙,仅朝南面对苏州河开有门窗。河对岸便是公共租界。四行仓库成为一个著名的建筑,不仅仅是因为这个建筑自身的特点,更因为这里曾经发生过一个十分悲壮的中国人民誓死抵抗日本侵略者的故事。

1937年7月卢沟桥事变之后,日军策划进攻上海。8月13日,"八一三"事变爆发,中国军队奋起抗击,长达三个月之久的淞沪会战发生。四行仓库位于闸北华界。国民革命军第88师262旅524团副团长谢晋元曾带领八百壮士(实为400余人),凭借这座坚固的仓库殊死抵抗,与日军在此鏖战四昼夜,名震一时,史称"四行仓库保卫战"。

目前,这幢建筑的西侧仍然保留着一堵墙,当年激战时留下的弹痕依然依稀可见。

黄浦江沿岸的开发

开埠通商之前,位于上海县城以东的黄浦江段布满码头,十分繁忙,但是县城以北直至与吴淞江交汇处的河段(今西外滩和东外滩),两岸均为尚未开发的河滩。黄浦江县城以北河段的开发始于外国租界的设立。

1845年英租界设立后，即开始修筑道路、建造码头。1848年，沿黄浦江边筑黄浦滩（又名外滩），后改称黄浦滩路（今中山东一路）。此后又陆续修建了界路（今河南中路）、打绳路（今九江路）、海关路（今汉口路）、布道路（今福州路）、花园弄（又称派克弄，今南京东路东段）等几条道路。同时，黄浦江边也建起了码头和一些堆放货物的货栈。1849年，英国领事馆的房屋也建成并投入使用，位置就在苏州河与黄浦江交汇处。至此，早期的外滩有了初步的轮廓。

1849年，法国也在上海划定了一块租界，即法租界。法租界位于英租界和县城之间。面积虽然比英租界小，但是同英租界一样，东临黄浦江。随着上海开埠后国际贸易的发展，黄浦江同苏州河一样，日渐繁忙，自上海县城直至杨树浦一带的黄浦江沿岸，成为由吴淞口开进来的国际货轮的主要停靠点。

江南机器制造局

江南机器制造局是晚清洋务运动时期由李鸿章主持在上海建立的军工企业。1865年，李鸿章委托丁日昌等出面，购买美商位于虹口的铁厂——旗记铁厂，建立江南机器制造局。第二年，迁至上海县城南的高昌庙。

高昌庙位于黄浦江滨，水路交通便利，适合造船和运输。江南机器制造局沿江边购地70余亩，先后建立机器厂、木工厂、铸铜铁厂、熟铁厂、轮船厂、锅炉厂、枪厂、火药厂、枪子厂、炮弹厂、水雷厂、炼钢厂等13个厂，并建有泥船坞1座，在设备和规模上已具近代工业的雏型。主要生产军火，中国的第一批机床、第一炉钢，以及无烟火药、步枪、钢炮、铁甲炮艇等，均始出于此。江南机器制造局不但是近代中国第一个大型企业，所附设的翻译馆、广方言馆和工艺学堂，也培养了一大批技术人员。1912年，江南机器制造局拆分为江南制造局（后为上海兵工厂）和江南船坞（后为江南造船所），后者于1953年更名为江南造船厂。2008年，江南造船厂整体搬迁至上海长兴岛，原址保留部分老建筑，成为上海世博会企业馆展区。

上海机器织布局

上海机器织布局是洋务运动时期由李鸿章主持创办的民用企业。选址在黄浦江沿岸的杨树浦路87号（现为杨树浦路1900号），于1889年建成投产，是近代中国第一家纺织企业，因此黄浦江畔亦成为近代中国纺织工业的发源地。

上海机器织布局设立资本金达100万两白银，至1893年，织布机增至530台，纱锭3.5万枚，工人4000余人。因管理不慎，1893年发生大火，全厂焚毁。当年11月，李鸿章派盛宣怀负责恢复织布局，在织布局旧址设立华盛纺织总厂。清末，先后改名为集成纱厂、又新纱厂。民国初年，改名为三新纱厂。1931年，荣宗敬购进三新纱厂，成立申新纺织第九厂。1933年，厂址迁至苏州河南岸的澳门路150号。新中国成立后，于1955年公私合营。1966年，改名为上海第二十二棉纺织厂。2009年，

申新纺织第九厂在杨树浦路87号的厂门（1933年摄）

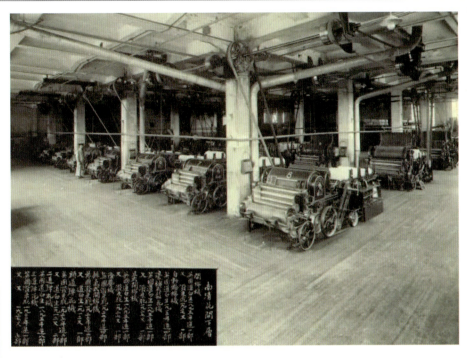

上海机器织布局清花间

由上海纺织集团在澳门路150号申新九厂旧址投资建立上海纺织博物馆。

轮船招商局

轮船招商局是洋务运动时期李鸿章主持创办的航运企业。1873年在上海南永安街正式成立。同年迁三马路新址,改称轮船招商总局。这是近代中国自己经营的第一家新式轮船运输企业。1877年,轮船招商局购进美商航运公司旗昌洋行。1901年,轮船招商局在旗昌洋行原址外滩9号(今黄浦区中山东一路9号)重建轮船招商局大楼。

轮船招商局起初采取官督商办的方式进行经营管理,1912年,改为商办。南京国民政府成立后,决定将其收归国有,更名为国营招商局。

创办之初,有轮船4艘。1877年收购旗昌洋行之后,轮船数量增至29艘,吨位达3万余吨。经营的航线有长江、南洋、北洋三个部分,以上海为交汇点,总共12条航线。

新中国成立后,轮船招商局大楼改为上海港务局、交通部上海海上安全监督局和上海海上搜救中心的办公处所。

上海自来水厂

自来水厂建成之前,上海本地居民生活用水一般取自土井或江河取水。1875年,英商格罗姆等集资建成立德洋行供水公司,这是近代上海同时也是近代中国第一座城市自来水厂。自来水厂位于今杨树浦水厂南部,占地115亩。其经营方式是用木船将黄浦江水运至贮水池处理,然后将过滤水装运到外滩,再分装到水车向租界内居民出售。因价格较高,只有少数居民饮用。1880年,英商麦克利澳特等组建上海自来水股份有限公司,并购买了立德洋行供水公司的杨树浦水厂和设在浦东的分厂。上海公共租界工部局同意其在租界进行埋管施工,向租界居民供水。1883年,杨树浦水厂建成。水厂由英国工程师

杨树浦水厂

位于今北外滩的上海自来水厂外景

哈特设计，为英国传统哥特式古典城堡风格。

1883年6月29日，自来水公司在杨树浦水厂举行开闸仪式，时任两江总督李鸿章出席，并应邀为水厂打开水闸，将黄浦江之水放入水池。8月1日，杨树浦水厂开始向当时的公共租界、法租界及静安寺以东的越界筑路地区供水，以后供水区域不断扩大，制水工艺和供水能力不断提升。至1937年抗日战争全面爆发前夕，水厂经过长期经营，制水设备、输水管道、生产技术、生产规模及经营管理都已达到相当高的水平，成为当时远东最大的现代化水厂。

四、苏州河、黄浦江的治理与当代上海城市的更新

近代以来，随着上海城市化和沿岸工业的发展，苏州河与黄浦江均受到比较严重的污染。新中国成立后，人民政府采取过一些措施来改善水质，但是随着上海工业化的加速，加之治污问题未受到足够重视，苏州河与黄浦江的污染已严重影响城市环境和居民生活。自20世纪80年代，结合产业空间布局实施"退二进三"战略，上海市启动了对苏州河与黄浦江的治理和贯通工程。经过数十年的努力，随着2020年底苏州河基本贯通，上海城市的水环境得到了彻底改观，实现了城市建设的全面更新。

苏州河治理与两岸贯通

20世纪20年代，随着上海人口骤增和工业快速发展，大量的生活污水和工业废水都排入苏州河，使得河水受到污染，水质出现黑臭现象。此后，苏州河污染逐年加重。1958年以后，上海市通过企业技术改造以及废物综合利用等途径来减少废水、废物排放，治理苏州河污染，使得苏州河水质曾一度有所改善，但未能根本扭转，市区河段仍旧终年黑臭，成为直接影响市民的生活非常严重的环境问题。80年代初，上海市委市政府对此高度重视，实施苏州河污染治理工程。

苏州河整治共实施了四期工程。一期工程从1998年到2002年，以改善水质、陆域环境、相邻水系为目的，开展实施以消除苏州河干流黑臭以及与黄浦江交汇处黑河流污染治理及修复工作，整治两岸环境，建设滨河绿地，同期还开展了大量的科研工作，市区主要污染源得到控制和治理，苏州河水质与河段环境有所改善。2003年至2005年实施二期工程。二期工程包括截污治污、两岸绿化建设、环

卫码头搬迁等8项措施。2006年至2008年，实施三期工程，突出治源治本，以苏州河干流下游水质与黄浦江水质同步改善，支流水质与干流水质同步改善，苏州河生态系统进一步恢复为目标，重点加强截污治污，实施底泥疏浚，推进防汛墙及两岸景观建设。经过前三期工程的实施，苏州河整治取得了较为显著的成果，不但消除了黑臭，还实现了鱼类回归，沿河两岸的滨河绿地、公园大幅增加。2018年，第四期苏州河环境综合治理工程启动，逐步实现苏州河两岸公共空间贯通。按照"一区一亮点"的要求，苏州河沿线在推进贯通工作的同时注重进一步提升空间品质和服务水平，实现"长藤结瓜"式的空间格局。黄浦区建成九子公园段、河口段的"最美加油站""新介亭"景观；虹口区建成滨河空间、上海大厦前的江河景观平台；普陀区重塑了香景园、苏堤春晓、半岛花园、创享塔、M50等生活亲水岸线和活力空间示范区；等等。通过各区政府协同开展的综合整治工作，2020年12月，苏州河沿岸42公里全线贯通。

焕然一新的苏州河

黄浦江两岸贯通与整体开发

黄浦江污染的综合治理始于20世纪80年代。1983年、1984年，上海市组织了两次大规模的全江段以及局部地区的水质水文同步调查，并且启动了"黄浦江污染综合治理规划方案研究"的课题，在此基础上提出了黄浦江污染治理规划方案，根据规划方案实施苏州河截流工程、黄浦江上游引水一期工程、黄浦江上游引水二期工程、黄浦江上游污染源北排工程、上海市二期污水截流工程等，对黄浦江水质的改善起到重要作用。

随着黄浦江污染治理和水质保护取得成效以及90年代以来上海"退二进三"战略的加速，滨江、滨水地带的传统工业向城市外围转移，黄浦江功能更新提上议事日程。2002年1月，上海市委市政府宣布黄浦江两岸综合开发启动。2002年12月，上海获得世博会举办权，世博会的选址就在卢浦大桥和南浦大桥之间的黄浦江两岸。世博园区的建设以及2010年上海世博会的成功举办，带动了黄浦江滨江地带的发展和功能转变。世博会之后，徐汇滨江的综合开发、北外滩的更新等项目陆续展开。2013年，在继续推进地区功能开发和产业转型的基础上，上海全力推动公共环境空间还江于民。2016年8月，上海进一步明确从杨浦大桥到徐浦大桥45公里岸线到2017年底基本实现贯通开放的目标，"两岸开发，不是大开发，而是大开放"。2017年12月31日，随着徐汇滨江4.5公里龙水南路—徐浦大桥段、浦东滨江7公里川杨河—塘桥段等建成，从杨浦大桥至徐浦大桥的45公里黄浦江岸线公共空间宣告贯通，在新年到来之际向市民开放。

黄浦江45公里岸线贯通之后，沿线各区不断扩大空间范围、优化环境。杨浦区滨江岸线向东延伸2.7公里，实现了杨浦滨江南段整体贯通开放，成为2019年上海城市空间艺术季的主要活动展区，并获得世界建筑节"年度景观大奖"。虹口区立足于"顶级中央活动区""世界级会客厅"等目标和定位，推进北外滩贯通和综合改造提升工程，亲水平台实现结构贯通，陆域建筑完成主体结构封顶，优秀历史保护建筑"红楼"完成基础加固和托换。黄浦区加快推进董家渡"花桥"、594地块公共绿地等项目

上海之源：吴淞江·黄浦江

徐汇滨江景观

在上海发现江南 | 上海之源

建设，另外配合中船集团围绕"远望1号"等项目，进一步提升浦西世博已开放区域的升级改造。徐汇区借力世界人工智能大会及央视长三角总部等一批重点项目，实现一批重点标杆企业落户徐汇滨江，逐步形成上海规模最大的文化艺术群落和"西岸文化走廊"。浦东、宝山、闵行、奉贤等区分别围绕打造"望江驿"文化会客厅品牌、发展邮轮全产业链以及吴泾老工业基地转型、滨江生态整治和产业结构调整等进行重点推进。

黄浦江两岸的贯通，顺势推动了传统公共服务能级和企业产业能级的提升。徐汇滨江一批传统产业、落后产能、低效产业，实现了腾笼换鸟。沿岸区域的产业也得以进一步集聚、优化。在虹口区国航中心段滨江，黄浦江水被引进商务办公楼区，形成别具一格的游艇港池。上港集团依托上海国际客运中心游轮码头优势,开办了上港游轮体验中心;浦东滨江沉寂多年的旧码头仓库改造为新的文化创意产业区——民生滨江文化城,建成后成为黄浦江沿岸45公里范围内最大的文化产业创意集聚园区。其中,曾是亚洲最大散装粮仓的八万吨筒仓改造成为2017上海城市空间艺术季主展场后,人流不断、活力重现。2018年,浦江两岸实施新一轮"三年行动计划",按照"迈向世界级滨水公共开放空间"的愿景,打造可漫步、可阅读、有温度的魅力水岸空间,成为"全球城市生活核心的美好舞台"。

江南古镇

上海之根

上海之根

江南古镇是江南文化的综合体现。江南古镇的前身是古代江南地区形成的市镇,这些市镇的形成始于宋代,繁盛于明清。

宋代以来,由于传统稻作农业、蚕桑经济和沿海盐业的继续发展以及棉花等经济作物的广泛种植,江南地区的商品经济高度繁荣,推动了江南市镇的形成和发展。上海地区的市镇主要得益于棉花的引种以及棉纺织业的蓬勃发展。

棉花古称"吉贝",唐宋之前仅在岭南、福建及西北边地稍有种植。宋元之际,棉花传入上海地区。棉花耐旱厌湿,适于沙土地,而且比水稻更耐盐碱,因此在上海地区地势较高的乌泥泾一带开始种植。至明初,以乌泥泾为中心,棉花种植逐渐向东、东北和东南的地势较高的地带推进,但大体上至地势较高的冈身地带而止,形成了东棉西稻的农作物结构布局。到明中叶弘治、正德年间,沿海高乡植棉已经蔚然成风。至明后期,上海地区东部、东北部的上海、嘉定、崇明等县,棉田已占耕地面积的一半以上。与此同时,上海地区形成了十分发达的手工棉纺织业,既有家庭、个体和作坊的生产方式,也有资本主义萌芽色彩的生产方式,而产品也越来越具有商品化的倾向,这个现象被称为"江南的早期工业化"。

此外,沿海盐业对上海地区的开发也有所贡献。上海地区产盐历史悠久。宋代,海岸线东移,沿海土壤不宜种植水稻等农作物,因此"煮水成盐,植芦为薪"已成沿海人民的重要生计。南宋建炎年间,在南起今金山、柘林,北至吴淞口的沿海地带已设有浦东、袁浦、青村、下沙、南跄以及崇明天赐场六个盐场。各盐场下设"团"和"灶"作为生产单位(今浦东南汇仍保留了一些"团"和"灶"的地名)。宋代,上海地区盐场的食盐年产量为2000余万斤。至元代,食盐产量达到高峰。

在商品交易繁荣的基础上,江南地区形成了一些经济中心地,有些经济中心地演变成了市镇。北宋时期上海镇的设立就与上海港的形成和上海地区商业、贸易的发展有直接的关系。到了元代，上海地区已经有了一批富有活力的市镇，如华亭县属下有朱泾、金泽等12个镇，上海县下属有青龙、盘龙、乌泥泾等10个镇。明中期以后，江南地区的市镇获得空前的发展。仅以当时上海地区所在的松江府为例，明正德年间，松江府所辖华亭和上海两县，有市镇40多个，分别为风泾镇（后改为枫泾镇）、朱泾镇、金泽镇、小蒸镇、凤凰山镇、亭林镇、沙冈镇、南桥镇、萧塘镇、张泾堰镇、小官镇、柘林镇、青村镇、陶宅镇、叶谢镇、北七宝镇、吴会镇、乌泥泾镇、下沙镇、新场镇、周浦镇、盘龙镇、青龙镇、唐行镇、赵屯镇、三林塘镇、八团镇、兴塔市、杨巷市、泗泾市（后发展成为泗泾镇）、崧宅市、泰来桥市、杜村市、白鹤江市、杨林市、诸翟巷市、鹤坡市、东沟市、北蔡市、闵行市、高家行市等。其时松江府市镇的密度超过同时期的苏州府。到了明末崇祯年间，松江府的市镇增至60多个。新增加的市镇包括莘庄镇、龙华镇、朱家角镇、沈巷镇、刘夏镇、北竿山镇、郏店镇、重固镇、艾祁镇、古塘镇、金家桥镇、杨扇镇、天兴庄镇、双塔镇（商榻镇）、王巷市、杜家角市、陈家行市等[1]。至清中期，仅上海地区的市镇就多达300余个，平均不到20平方公里即有一个市镇，与江南其他地区相比，密度也是比较高的[2]。可以说，这些星罗棋布的古镇是古代上海地区经济社会发达的重要表现，为近代以后上海城市的发展提供了坚实的经济基础，是近代上海繁荣之根。

古代江南地区，由于主要交通和运输工具是大小船只，因此市镇一般位于河边或者是合流交汇处，傍河临浦，便利船只停靠。有不少江南地区的市镇以河浦、塘泾命名，就与此有关。如上海地区的泗泾镇以泗泾塘得名，徐泾镇因徐泾得名。市镇的规模不等，人口数从数千人至数万人。市镇的房屋大多沿河而建，居民枕河而居。为方便河两岸的交通，河上又往

---

1. 参见樊树志：《江南市镇：传统的变革》，上海：复旦大学出版社，2005年。
2. 张忠民：《上海：从开发走向开放（1368—1842）》，昆明：云南人民出版社，1990年。

往建桥梁，由此形成江南地区"小桥流水人家"的独特水乡风貌和景观。

20世纪以来，很多市镇因成为城区的一部分而失去了身份，如徐家汇镇、法华镇等；有些镇成了县城，不再是市镇；有些镇在城市改造过程中被拆除，如闵行镇等；有些镇衰败消失。但是，目前上海地区还是有较多明清古镇留存。2005—2010年，新场镇、高桥镇、朱家角镇、练塘镇、枫泾镇、张堰镇、嘉定镇、南翔镇8个古镇被建设部（即今住房和城乡建设部）、国家文物局共同命名为中国历史文化名镇。2005年，为了加强对上海历史文化古镇的保护，上海市城市规划管理局划定了33个古镇历史文化风貌区。这33个古镇历史文化风貌区分别为：新场古镇历史文化风貌区（浦东新区新场镇）、高桥古镇历史文化风貌区（浦东新区高桥镇）、川沙古镇历史文化风貌区（浦东新区川沙新镇）、大团古镇历史文化风貌区（浦东新区大团镇）、航头下沙老街历史文化风貌区（浦东新区航头镇）、康桥横河历史文化风貌区（浦东新区康桥镇）、六灶古镇历史文化风貌区（浦东新区川沙新镇）、江湾历史文化风貌区（杨浦区五角场镇）、枫泾古镇历史文化风貌区（金山区枫泾镇）、张堰镇历史文化风貌区（金山区张堰镇）、朱家角古镇历史文化风貌区（青浦区朱家角镇）、金泽古镇历史文化风貌区（青浦区金泽镇）、练塘古镇历史文化风貌区（青浦区练塘镇）、青浦古镇历史文化风貌区（青浦区盈浦街道）、重固古镇历史文化风貌区（青浦区重固镇）、徐泾蟠龙古镇历史文化风貌区（青浦区徐泾镇）、白鹤古镇历史文化风貌区（青浦区白鹤镇）、七宝古镇历史文化风貌区（闵行区七宝镇）、浦江召楼老街历史文化风貌区（闵行区浦江镇革新村）、罗店镇历史文化风貌区（宝山区罗店镇）、嘉定古城州桥历史文化风貌区（嘉定区嘉定镇街道）、嘉定古城西门历史文化风貌区（嘉定区嘉定镇街道）、南翔古镇双塔历史文化风貌区（嘉定区南翔镇）、南翔古镇古猗园历史文化风貌区（嘉定区南翔镇）、娄塘古镇历史文化风貌区（嘉定区徐行镇娄塘村）、泗泾下塘历史文化风貌区（松江区泗泾镇）、松江古城仓城历史文化风貌区（松江区永丰街道）、松江古城历史文化风貌区（松江区中山街道）、庄行古镇历史文化风貌区（奉贤区庄行镇）、奉城古镇历史文化风貌区（奉贤区奉城镇）、青村古镇历史文化风貌区（奉贤区青村镇）、堡镇古镇历史文化风貌保护区（崇明县堡镇）、三星草棚村历史文化风貌区（崇明县三星镇草棚村）。

一、练塘:"高屋窄巷对街楼,小桥流水处人家"

练塘镇位于青浦区西南部,地处苏、浙、沪交界处。

练塘又名"章练塘"。相传练塘得名于唐代高州刺史章仔钧之妻章练夫人。章练夫人因世居练河,又称练夫人。练夫人是一位不平凡的女子。她能顾全大局,有舍生取义的气概。据说,章仔钧部下有两名将校,一次执行军务误期了,按照军法应当斩首。练夫人很可怜他们,就偷偷给他们银两让他们逃走。到了后来,南唐来攻打建州,要杀尽城里的百姓。当初被练夫人救过的已是南唐大将的王建封,得知练夫人正住在城里,就亲自进城里去见练夫人,想要设法保全练夫人的家属和亲眷。练夫人说:我不能一人贪生而全城皆亡,建州全城的百姓是没有罪的,请将军全数饶恕他们。倘若将军不肯饶恕建州百姓,那么我情愿死在百姓的前头。王建封很佩服练夫人的勇敢和深明大义,就下令不许杀害全城的百姓,练夫人因此芳名流传至今。

练塘所处的地域属太湖流域的淀泖低地,大约成陆于7000多年前。春秋时属吴国,战国时属越国,后来成为楚春申君黄歇之封地。唐宋年间始建,元末明初形成集镇。明代以前,练塘分别隶属于华亭县、上海县、常熟县。清初形成市廛,居民稠密,分属吴江、元和、青浦三县管辖。宣统二年(1910年)归青浦县管辖,为章练塘区。1945年,改为练塘镇。其后又经过多次规划和调整,现在的练塘镇于2001年由原练塘、小蒸、蒸淀三镇撤并建成。

练塘坐落于江南水乡,周围河网密布、纵横交错,水运条件比较优越,是古代江南有名的商业集镇,以"鱼米之乡"和"茭白之乡"闻名。此地盛产稻米,镇东太平桥附近为米市,生意十分兴旺,自上海、杭州、常熟等地来此运载稻米的船只众多。米业的兴旺，带动了南北杂货等行业的兴旺。据《章练小志》载："每早市，乡人咸集，舟楫塞港，街道肩摩，繁盛为一镇之冠。"茭白也一直是练塘远近闻名的农副业品牌，种植历史可上溯400余年。20世纪60年代开始，依托当地独特的地理环境和不断进步的科学技术，种植茭白逐渐成为练塘镇的农业支柱产业。如今练塘镇已发展成为华东地区种植茭白面积最大、产量最多的乡镇，享有"华东茭白第一镇"的美誉。加之地势低洼，练塘的水车制造业也十分兴盛，练塘制作的水车或用人力，或用牛力，形式不一，极为灵便，通过车船远销各地。

练塘古镇历史悠久，老街宁静安逸，蜿蜒曲折的市河贯穿古镇东西，众多古桥掩映其间。元、明、清时期的寺庙和民宅迄今犹存。街道两旁的房屋重脊高檐，素墙碧瓦，"高屋窄巷对街楼，小桥流水处人家"，描述的就是练塘独特的景观。斑驳的石板路、清澈的河水、弯弯的石拱桥以及过街楼、河埠头、长廊、幽弄和深宅，诉说着练塘的古朴、宁静。

推荐探访地：

天光寺（位于练塘镇泖口村）

相传建于五代。原为章练夫人宅居，后改为寺庙。宋代重建，明清两代曾多次重修，20世纪50年代，寺院房子被改作仓库。2000年，僧人释能照募资修复天光寺。经过几年努力，天光寺已初步恢复昔日山门庄严、殿宇佛像金碧辉煌之气象。新建的天光寺占地6660平方米，被列为青浦区文物保护单位。

练塘天光寺章练夫人像

练塘天光寺

顺德桥

建于元至正三年（1343年），清代曾多次重修。该桥为花岗岩质三跨平梁，全长17.5米，宽2.4米、高4米。它是练塘最古老的桥，与金泽镇的迎祥桥形状一样，年代相近，被后人称为"姐妹桥"。2001年，被列为青浦区文物保护单位。

练塘顺德桥

二、"因寺得名"的七宝镇

七宝镇位于闵行区，地处蒲汇塘与横沥港交界处，是离上海市区最近的古镇。

七宝于北宋时期成镇，因七宝寺得名。据清道光年间的《蒲溪小志》载："七宝镇在三十五保。左为横沥，前临蒲汇塘，商贾必由之地。七宝者，本故庵也，初在陆宝山，后吴越王赐以'金字藏经'，曰'此亦一宝也'，因改名七宝寺。至宋初徙于镇，遂以取名焉。"此外还有一个说法是，七宝因有金字莲花经、氽来钟、飞来佛、神树、金鸡、玉筷、玉斧"七件宝"而得名。元代隶属于华亭县、上海县。明代隶属于华亭县、上海县、青浦县。清代隶属于娄县、上海县、青浦县。

七宝古镇入口

七宝的繁荣始于元代，主要得益于棉纺业的发展。七宝地势高，宜于植棉。随着松江棉纺业的兴起，黄道婆改进的纺织技术在七宝获得推广，形成了一个完整的植棉、纺纱、织布生产链，以及集生产、销售于一地的棉纺业市场，七宝镇遂成为上海西南重镇。至明代中叶，七宝已是"居民繁庶、高贾骈集、文儒辈出"的"邑之巨镇"。清道光年间，七宝棉纺业不仅以"七宝尖"为代表的标、扣、稀棉布闻名于海内，而且其纺织技术亦"以足运轮，一手捻三线，人不累而工自敏，较西乡独异"而居于松江府领先地位。凭借优越的水上交通，行商、坐庄齐集古镇，七宝棉布遍销

七宝古镇景观

七宝老街牌楼

苏、皖、秦、晋乃至关外。酒肆、茶楼、客寓乃至牙行、典当都应运而生,七宝镇盛极一时。鸦片战争后,随着洋布的倾销,七宝的棉纺业日趋式微。

七宝古镇是一个有着千余年历史的古镇,拱形石桥、石板老街,古色古香,风景如画。

七宝古镇景观

上海之根：江南古镇

> **推荐探访地：**

七宝老街

七宝老街是一条保留着浓重的清末民初风格，颇具地方特色的街巷。老街建筑大多为晚清太平军战事后复建。

老街宽约3米，南北长约360米。据《蒲溪小志》载："自蒲汇塘桥南

七宝老街

堍栅楼起，至南尽处，曰南大街。商贾贸易，悉开店肆，约长二百步有零。自蒲汇塘桥北堍栅楼起，至北栅镇安桥止，曰北大街，悉开店铺，生产贸易之处约长三百步。"清咸丰、同治年间，太平军与清军激战于此。巷战中老街建筑大部分被毁，巨门豪宅和若干名迹尽成废墟，北镇仅张氏院宅及解元厅，南镇仅李氏若干建筑得以幸存。战后重建民居较少高第华屋，但南北大街仍保留了商业街的特点。临街为两层小楼，底楼开店，楼上为居室。其后则为一小天井，或为楼或为平房。又其后则为庭院，往往植以梅、柿、皂荚、枸橘等乔木，有的设工场或作坊。蒲汇塘及横沥河两侧的民居多依河而筑，临街亦开店。后面多于水上建有后廊，供水不占地，廊内有石阶至河，俗称后水阁，洗濯不必出户，船上货物可直接由后水阁运至店面。当时临河人家往往倚窗张网捕鱼，实为七宝一景观。自明代以来，七宝一直以其繁荣的商业名世，七宝老街是江浙两省和上海粮、棉、油的集散地。酒肆、茶楼、寓房乃至银楼、典当遍布全镇，镇民经商蔚然成风，大街小巷无家不店。20世纪30年代，尽管已过了极盛时期，但七宝各类店铺仍然众多。

2000年，闵行区政府对古镇进行了改造，基本保留老街风貌，重修蒲汇塘桥，辟钟楼广场、塘桥广场，立诗廊，迎明钟于钟楼；筑徐寿亭、张勋亭、少穆亭以纪念先贤；重布老街商业网点，恢复旧时七宝家家开店、户户皆商的盛况。

解元厅

解元厅在七宝镇北大街徐家弄内，系明朝工部郎中吕克孝故宅。解元厅现存房屋三间，面南而筑，用料厚重，不尚雕饰。由于周围地面街道不断加高，当年曾煊赫郡邑的吕宅却被裹夹在一片民房中，不显得轩敞了。于1989年被列为县级文物保护单位。

蒲汇塘桥

蒲汇塘桥横跨蒲汇塘，位于七宝街市中心。据史载，七宝镇虽已于宋时初具规模，但直至明代，蒲汇塘上尚无一桥，里人往来甚为不便。至明正德中，里人徐寿与张勋倡议合力造桥，正德十三年(1518年)塘桥竣工。桥成时共有五拱，主拱跨度为11.25

米、高 5.2 米，副拱跨度为 5.6 米、高为 3 米，桥宽为 5.45 米。后因蒲汇塘逐年淤塞，河道变小，遂使塘桥形成今貌，仅见三拱，其余两拱已在路面之下，桥面可见长度为 29 米，上下各 20 级。

三、"三泾不及一角"的朱家角

朱家角地处上海市青浦区中南部，原名朱家村。此地约在7000年前成陆。三国时期，朱家角已出现村落集市。宋元时期，形成名为朱家村的小型集镇。因水运非常方便，往东通向有"小杭州"之称的青龙镇，往西通向江南富饶之地苏、杭，由此商业日盛，并且成为周边农副产品的主要集散地。至明万历四十年（1612年）正式建镇，并改名为珠街阁，又名珠里、珠溪、角里。清代时被称为珠街镇，俗名朱家角（在上海方言中，"珠街阁"和"朱家角"同音）。

朱家角极具江南水乡古镇特色，四周河道纵横，古镇的一些地名、街名，如瑚瑎港、井亭港、祥凝浜、薛葭浜、漕河街等，无不与水有关。东西走向的百米宽淀浦河（旧名漕港）横贯古镇，为毗连江、浙、沪的水上交通要道。镇区市河两岸，有延绵两里多长的市街。凭借得天独厚的地理条件，加上本地的丰富物产，一时商贾云集，发展为江南巨镇。朱家角的棉纺织业最为繁盛，所产标布誉满天下。明末清初，米业突起，带动了百业兴旺，到近代达到鼎盛，所产青角薄稻，远销京城海外。每逢收获季节高峰时，一天上市交易超过万石。据说漕港上有时竟为米船所堵塞。因此，民间向有"三泾不如一角"之谚，即松江的泗泾、金山的枫泾和朱泾不及青浦的朱家角，反映了朱家角商贸繁荣的盛况。一直到光绪年间，朱家角镇商贾贸易仍甲于他镇。明清时期朱家角的繁荣带动了文化的兴盛，出现了学者王昶、御医陈莲舫、小说家陆士谔、报业巨子席裕福等一批知名人士。

水乡多桥，朱家角更是如此。镇上有大小古石桥36座，其中大多建于明清两代。它们造型各异，风格不一。有的恢弘雄壮，有的小巧玲珑，

上海之根：江南古镇

朱家角古镇景观

在上海发现江南　|上海之根|

有的古朴厚重。今存石桥有20座，最著名的是放生桥。

朱家角镇古宅建筑有四五百处之多，民居建筑以古弄幽巷而闻名。古镇九条老街依水傍河，千余栋民宅临河而建，其中著名的北大街，又称"一线街"，是上海市郊保存得最完整的明清建筑第一街，是最富有代表性的明清建筑群。迂回曲折、鳞次栉比的旧居店铺，勾勒出古镇多角、多弯、多弄、多巷的独特建筑布局。

推荐探访地：

圆津禅院

建于元至正年间，位于何家桥西堍。院内塑有辰州圣母像，俗称"娘娘庙"。明清两代，几经修缮，趋于完善，辟有亦峰居、漕溪草堂、墨花禅、息躬室、清华阁等建筑。此禅院地处漕港之滨，风景秀丽，登临清华阁，可饱览漕港胜景，故历来文人墨客题咏甚多。有一部《圆津禅院小志》收录有关匾联和诗文，内有赵孟頫、董其昌的匾额；清代刘墉、梁同书、钱大昕、郑板桥等写的对联。青浦文化名人，如陆树声、诸嗣郢、王昶等都有翰墨留存。王昶著作的部分书版，也曾保存在圆津禅院。可惜的是这些文物历经兵燹，大部分已散失。

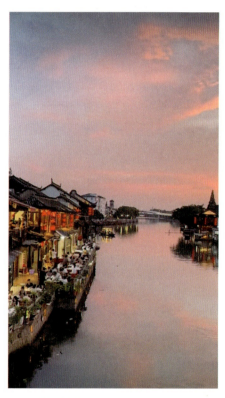

朱家角古镇景观

放生桥（详见第102页）

四、枫泾："三步两座桥，一望十条港"

古镇枫泾位于上海市金山区西部，与沪浙五区县交界。

枫泾的历史可追溯至南朝。南朝梁天监元年（502年），在今枫泾所在地附近建有仁济道院。唐太和年间在西庵场建妙常庵，周边因此形成聚落。宋代，此地已形成集市，名白牛村。北宋时期的名士陈舜俞曾在此隐居。

陈舜俞（？—1076年），字令举，号白牛居士，乌程（今浙江吴兴）人。北宋庆历六年（1046年）登乙科进士，其时已迁居秀州奉贤乡九南区（今枫泾西南张汇境）。嘉祐、熙宁年间，陈舜俞出任朝廷官职。因上书反对王安石变法，多次被贬，遂绝意仕途，著书立言。著有《都官集》《应制策论》《庐山纪略》等。生前与欧阳修、苏东坡、司马光等北宋名臣往来甚密。陈舜俞去世三年后，苏东坡哭祭于墓前，称他"学术才能兼百人之器"。时人以其清风亮节，将白牛村改称清风泾，又称风泾。宋代还在此设了驿站——风泾驿。

元至元十二年（1275年）风泾正式建镇。元末明初时与浙江的南舟、王江泾和江苏的盛泽合称为江南四大名镇。明代改称枫泾镇。明宣德五年（1430年）以界河分南北镇，南部属嘉兴府嘉善县，北部为松江府华亭县所辖。清顺治十三年（1656年），枫泾镇北部隶属于松江府娄县。嘉善县主簿、娄县巡检司以及两县分布防外委都驻扎于此，成为松江府与嘉兴府之间的交通枢纽，号称"江浙界首"。凭借特殊的位置，枫泾镇逐步繁荣起来，"至元、明而户口日繁，市廛日盛"。进入清代，枫泾镇更是兴旺，据康熙《嘉善县志》载："本镇物阜民殷，巨贾辐辏，称邑都会。"1951年，南北镇合并，归属松江县。1966年，划归金山县。

枫泾镇因棉纺织业和棉布贸易而

上海之根 | 在上海发现江南

枫泾古镇景观

繁荣。枫泾镇河道稠密,水路交通十分便利,历史上一直为金山、嘉善、平湖、松江、青浦五县通道和物资交流中心。元代设白牛务,明洪武间改为课税局,自此商贾汇集,市场兴旺,为华亭县西部、嘉善县东部繁华之地。明清时,松江府是全国棉纺织业基地,而枫泾镇又是松江府棉纺织业中心之一。到了清代,土布业达到极盛,布庄遍布全镇,棉布交易市场繁荣,布局众多,染坊、踹坊等商贾应运而生,所产"枫泾布",花色多,质地牢固,价低廉,远销北方诸省和南方沿海等地,素有"买不完的枫泾布,收不尽的魏塘纱"之誉。

清末民初,随着洋纱洋布的兴起,土布交易受到冲击而渐趋衰微,仅次于棉布业的粮食业渐成支柱产业。枫泾镇四乡产米,尤以冬舂米最为著名,"冬舂米,以草为围,置米其中,色变为红,可至数年",米市十分兴旺。清光绪年间,枫泾镇有禄记、大生、慎记、谊泰等米行。随着清末机器工业的发展,麸皮业异军突起,成为枫泾商业的巨擘。清宣统元年(1909年)建成的沪杭铁路在枫泾镇设站,其后又有公路贯通,交通枢纽的位置更加显现,促使其成为苗猪、稻米、麸皮等商品的集散中心,贸易日益兴旺。抗战胜利后,米业、麸业达到极盛,仍在各业之上,吞吐活跃,四乡八镇来市,船只塞流,各行业相互竞争激烈。

棉布业与米业等的发达,带动了百业兴旺,绸布店、南北杂货店、茶坊、酒肆等比比皆是,形成了枫泾三大土特产:丁义兴的"枫泾丁蹄"、夏隆顺的"天香豆腐干"、戚协兴的"状元糕"。20世纪30年代起,枫泾又成为中国黄酒业的重要产地。黄酒、丁蹄、状元糕、天香豆腐干被今人称作"枫泾四宝"。

枫泾古镇为典型的江南水乡集镇,周围水网遍布,镇区内河道纵横,素有"三步两座桥,一望十条港"之称。桥梁有52座之多,其中,元代建1座、明代建11座、清代建21座。枫泾全镇有29处街坊、84条巷弄,是上海地区现存规模较大、保存完好的水乡古镇。至今仍完好保存的有和平街、生产街、北大街、友好街4处古建筑群,其中9处已列为上海市第一批不可移动文物。古镇区建筑多为明清风格,均具传统江南粉墙黛瓦的特色,房屋以两层砖木结构为主,前后进房之间有厢房和天井,大宅深院有穿堂、仪门及厅堂等，前后楼之间有走道相连，称走马堂楼，屋面多为观音兜和五山屏风墙。由于文化发达、经济繁荣，枫泾又是江南少有的道教、佛教、天主教、基督教齐全的古镇，现存性觉禅寺、施王庙、郁家祠堂等几处寺院庙宇[1]。

推荐探访地：

致和桥

位于镇中南北市河的中段，因建于致和元年（1328年）而得名，是枫泾镇现存最古老的桥梁。此桥为单孔石桥，造型古朴雄伟，结构牢固。明初，桥西堍建玉虚观（俗呼圣堂），后人遂称圣堂桥。宣德七年（1432年），顾文昺重修东桥堍，以后历代多次维

枫泾致和桥

---

1. 张磊：《上海建筑遗产保护再利用研究》，上海：上海人民出版社，2022年。

修加固，至今保存完好。2000年，被列为金山区文物保护单位。

枫泾牌坊

历史上，枫泾古镇一半属江苏，一半属浙江。原先有两个明显的分界标志，一个是西边的界河，另一个是东边的牌坊。这座牌坊就是在原来分界牌坊的旧址上建立起来的，再现枫泾古镇独特的地理区域。

牌坊上方的"枫泾"二字，是已故的国画大师程十发所题。整座牌坊高12米、宽14米，三间四柱，十分挺拔优美。

枫泾牌坊

五、新场镇："十三牌楼九环龙，小小新场赛苏州"

新场古镇位于浦东新区南部，是上海浦东唯一一个保存比较完整的古镇。

新场古镇景观

新场所在的地域至唐末才逐渐成陆，初名石笋里。此地距下沙五里。宋代以后，因上海地区盐业兴盛，于是在建炎年间，下沙盐场设置两浙盐运司署。元代初年，因海滩东移，下沙盐场的本场迁至该地，故称"新场"。其时一些随宋室南渡的士族和江南的商号也迁居于此，新场日益繁盛，因盐成镇。新场盐产量之丰、盐灶之多，超过了当时的浙西诸盐场。明代，新场镇属上海县，其繁华程度一度超过上海县城。明末，长江出海口向东南移动，海水变淡，盐业渐趋衰落。

至清道光年间,盐场全部停产。后又受太平天国战乱的影响,廛舍被毁,新场镇也渐渐衰落。但是由于新场地处南汇县里护塘农业区中心,仍为全县重要的商品集散地。清末民初,榨油业、碾米业、轧花业、织袜业、印刷业、制皂业、纸巾业等,都有相当规模。

新场的发展可谓因水成邑,因盐成镇,因商嬗变。新场地处江南水乡,河网密布。古镇外围有东横港和大治河,镇内有东西向的包桥港、洪桥港,南北向的后市河,形成"两横一纵"的水道格局,有各色各样的水桥驳岸,至今保留下来的古石驳岸有1000多米长。新场大街是古镇的主要街道,南北通达,商贾辐辏,两旁的店铺和民居粉墙黛瓦,一字排开,鳞次栉比。此外,镇上牌坊林立、桥梁众多,有"十三牌楼九环龙,小小新场赛苏州"之称。近代以来,上海开埠通商,西风日渐,新场也深受影响,有典型的"绞圈房子"、石库门房子,还有形式多样的中西合璧的建筑装饰艺术。

古镇现保留有明清风貌建筑群70余处、雕花门头100余座、马鞍水桥古石驳岸1000多米、南北长街2000多米,是上海地区少有的保存完整的传统水乡古镇。

推荐探访地:

千秋桥

千秋桥建于清康熙年间,在洪东街东端,跨东横港。1983年整修,现仍完好。桥体上镌刻有劝人为善的祝福词。2002年,被列为南汇区文物保护单位。

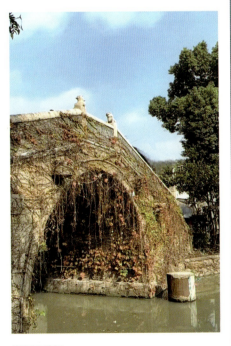

新场千秋桥

水驳岸

元明清时期，新场镇市河两岸便先后垒起长长的石驳岸。驳岸离河面约3米高，坚实古朴，富有江南水乡特色。

水桥

新场镇沿市河有富裕人家构筑的马鞍形水桥，与石驳岸是"孪生兄弟"，浑然一体。水桥建筑讲究，系舟石块凿有精细的八仙等图案。新场镇现尚存马鞍形水桥20座。2002年，被列为南汇区文物保护单位。

新场古镇水驳岸与水桥

六、南翔："东南一都会"

南翔镇位于嘉定区东南部。

古名槎溪。南朝梁天监四年（505年），建白鹤南翔寺于此。南翔因寺成镇，也以寺得名。

南翔镇东西五里，南北三里，河流纵横，水网密布，横沥、上槎浦、走马塘、封家浜四条河道相交于镇中心太平桥南，形成十字港，具有十分便捷的水路交通。

南翔所在地积沙成陆，适宜种棉，因此棉花成为主要农作物。元代黄道婆纺织技术传入，纺织土布遂成为南翔主要的家庭副业。明初，嘉定经济繁荣程度已为全县各市镇之首。南翔镇上徽商丛集，携巨款来此收购土布，带动了各行各业的繁荣。清康乾以后，社会安定，人口日增，镇上布庄林立，为全县土布业集散中心。

嘉定镇周围四乡所产的刷线布，又名筘布，光洁厚实，畅销远近。上海的谚语中，有不少与因棉纱织业而兴盛的古镇相关，如有"金罗店、银南翔、铜江湾、铁大场"之称的旧时上海四大名镇中，"银南翔"指的是南翔镇。鸦片战争后，在洋布倾销下，土布和棉花生产日减，机器织布业随之兴起。1908年，沪宁铁路通南翔，自南街至沪宁铁路车站兴筑马路。铁路通车后，因交通十分便利，士商侨寓纷至沓来。东街、南街最为繁盛，有大小商铺四百余家，以棉花、土布、洋纱、米麦、蚕豆、鲜茧、竹木、榨油籽饼、水产、蔬菜为大宗贸易。又因地处上海近郊，成为粮食集散地，碾轧、面粉、棉纺等工业应运而生。民国以后，镇上开始出现一些小型民族工业，集镇开始供电。由于临近上海市区，且有铁路、公路、水路可以直通，故又有"小上海"之称。

南翔古镇历史悠久，人文荟萃，富绅殷户竞相兴建第宅园林。明代李流芳建檀园于北市，时为南翔胜景；

通判闵士籍建猗园（今称古猗园）于东市，至今仍为南翔名胜。这两座园林之外，还曾有计氏园（后改为来鹤园）、怡园、巢寄园、桐园等。明清两代计有园林20多座，故有"小小南翔赛苏城"之誉。南翔古迹有南翔寺唐经幢（尊胜陀罗尼经幢），共2座，现坐落在古猗园的南厅和微音阁前。此外，还有南翔寺双塔。

南翔古镇景观

推荐探访地：

南翔唐经幢

又名尊胜陀罗尼经幢，简称石经幢，共2座，位于古猗园内。

佛教有日诵陀罗尼经，可消灾造福、超度亡魂之说，后人将经文刻于石上，以代念诵。经幢多建于佛寺内。南翔唐经幢一座立于唐咸通八年（867年），一座立于唐乾符二年（875年），是嘉定现存最古老的建筑物。原竖于南翔寺大雄宝殿前。幢高7米余，八角形，幢身由基座、托座、束腰、檐盖等层次组成，刻有尊胜陀罗尼经文，缀以云卷、莲瓣、海浪等纹饰，并刻狮子、菩萨、天王诸像。宋太平兴国五年（980年）重修，元元统二年（1334年）重镌经文，清嘉庆元年（1796年）重修。1959年迁于古猗园的南厅和微音阁前。今经文漫灭不可辨，雕像已被毁坏，其中在南厅前的一座幢身上部于1968年因雷击产生裂纹。1977年，被列为县级保护文物。

嘉定古猗园唐经幢

古猗园（详见第124页）

南翔寺双塔（详见第111页）

七、"三亭不及一泾"的泗泾

泗泾古镇位于松江区东北部。

泗泾地处太湖基础上发育而成的湖沼平原，成陆于7500年前。唐天宝十载（751年），华亭县设立，泗泾所处区域属华亭县。北宋时，在顾会浦（今通波塘）一带形成村落，名"会波村"。南宋时，洞泾港取代顾会浦，成为华亭县通往上海的主要航道，于是会波村东移，建成新的村落，称"七间村"。元代中叶，七间村扩展为小集镇，改称泗泾，因此民间有"先有七间村，晚有泗泾镇"的说法。泗泾的得名相传是因其位于四条河流，即通波泾、外波泾、洞泾、张泾的汇集点，泗泾塘横贯镇中。

凭借水路交通便利，加之附近农村盛产"薄稻"，因此经元明两代的发展，泗泾渐成规模，成为农副产品集散地。明代中叶，泗泾镇的粮米与水产交易兴盛，米市开始形成，成为华亭县重要的粮食集散地。与此同时，市镇建设随之发展。泗泾塘南北两岸码头相连，房屋鳞次栉比，茶坊、酒肆、客栈、寺庙、道观星罗棋布。明万历年间，普渡、福连、武安三座三孔拱型石桥相继建成，将

泗泾古镇入口

泗泾古镇景观

泗泾塘南北连成一体。清代,泗泾镇的粮米交易和水产交易进一步发展,镇北铺成石板大街,与县城松江镇、江浙交界处的枫泾镇、浦南的亭林镇一起列为华亭县四大镇。此时的泗泾已经成了松江府的大镇,比它周边的亭林、安亭、望亭还要繁荣,有"三亭不及一泾"之说。

清末民初,随着米业的发展,米厂兴盛。清光绪三十四年(1908年),近代著名教育家马相伯在泗泾镇的西市创办汇源米厂,是松江区第一家使用机器动力的碾米厂。清宣统三年(1911年),沈焕堂、查仲箴等集资在泗泾镇西市开设日升昶碾米厂。后相继出现大兴、震西等碾米厂。到抗日战争前夕,泗泾镇有米行、米厂、米店百余家。因泗泾与上海近在咫尺,且水运方便,江浙客商运糙米到此,加工后再转运上海。抗日战争期间,日军实行"清乡"封锁,禁止米粮运往上海,上海市内米价暴涨,泗泾出现大批冒死偷运大米至上海的米贩子,泗泾成为米贩子获得货源的首选地,米业极为繁荣。直到20世纪50年代初,米业始终是泗泾的主要行业。

随着米业的发展，糟坊、酱园等手工业作坊也得到了长足发展。同泰酱园的三伏晒油、石洪兴的白酒等产品历来在沪郊享有盛誉。糟坊的下脚为农村饲养肉猪提供了饲料，促进了当地农副业生产的发展。另外，依托于天然的水运等条件，泗泾的竹木业也发展起来，于20世纪20年代达到极盛。酿造、竹木业、米业、米厂这四大行业成为泗泾镇经济的四大支柱。

泗泾古镇形成距今已有一千多年，历史悠久，素有"百年上海，千年泗泾"之说，文化底蕴深厚。元末，文学家陶宗仪来此隐居，在泗水之南构筑南存草堂。元代藏书家孙道明藏书万卷，在泗水之北构筑映雪斋，接纳四方名士前来校阅。近代的泗泾是一个名人辈出之地，著名教育家马相伯和报业巨子史量才均出生在泗泾。

🔍 推荐探访地：

福连桥

福连桥俗称中市桥，位于镇中部，跨泗泾塘。建于明万历年间，是松江仅存的三座大型石桥之一。相传泗泾镇原本有三桥（武安桥、普渡桥、福连桥）一塔（安方塔），在民间有"三弓一箭安一方"的说法，但武安桥、普渡桥都已不复存在，如今只剩下了福连桥与方塔遥遥相望。

泗泾福连桥

八、金泽镇：江南第一桥乡

金泽古镇位于青浦区西南部，地处江、浙、沪交界处。北枕烟波浩渺的淀山湖，西靠荒野的元荡湖，南依滔滔东流的太浦河。境内湖泊星罗棋布，河港交叉纵横，水域占全镇总面积的三分之一，故有"水乡泽国"之称。

金泽古称白苎里，因盛产大米、棉花、苎麻而闻名。又因此地为水乡泽国，土地肥沃，物产丰富，古有"稬人获泽如金"之说，故名金泽。据史书记载，唐末至五代时，北方战乱，大批人士逃至较平稳安定的江南一带，发现此地土地肥沃，气候温和，遂安家垦殖，由此人口日众。960年左右，金泽一带已形成集镇。此后不断有人口迁入，特别在北宋灭亡之后，跟随宋高宗赵构南渡者极多。南宋定都临安后，宰相吕颐浩选定此地建造府第，由此奠定了镇的规模。明代以前，金泽隶属于华亭县。明嘉靖二十一年（1542年），划归青浦县管辖。宣统元年（1909年），为青浦十六个自治区域之一。后经多次规划和调整，形成了现今的金泽镇。

金泽古镇历史悠久，有"兴于宋，盛于元"之说。宋元以来金泽的兴盛主要是由商业和贸易推动的。金泽北临淀山湖，境内湖泊星罗棋布，河港纵横交错，水运便利，往东通向有"小杭州"之称的青龙镇和朱家角镇，往西通向苏杭等富庶之地，由此商业日盛，经济富庶。米业、棉纺织业等贸易市场不断发展，茶楼酒肆人来人往，络绎不绝。四乡农家"无论贫富妇女，无不纺织，布成持以易花，或即以棉纱易，辗转相乘"。镇上还有众多收购棉纱、棉布的牙行。除此之外，金泽镇还出产纺车、锭子，技艺精湛，吸引了各市镇的商人、机户前来购买。

金泽古镇是上海地区著名的古桥乡镇。据《金泽志》载："金泽四面巨浸，内多支河，桥梁尤多于他镇，古称四十二虹桥。"在总面积仅 0.6 平方公里的古镇内，竟建有 42 座桥，因此被誉为"金泽古桥甲天下"，也被称为"江南第一桥乡"。这些桥梁多为建于宋元时代的石桥，可惜的是到 1949 年青浦解放时只剩 21 座了。至今镇上还留有古朴粗犷的宋元古桥和工艺精巧的明清古桥，其中以普济桥、万安桥、迎祥桥最著名。

推荐探访地：

普济桥（详见第 99 页）

万安桥（详见第 99 页）

迎祥桥（详见第 101 页）

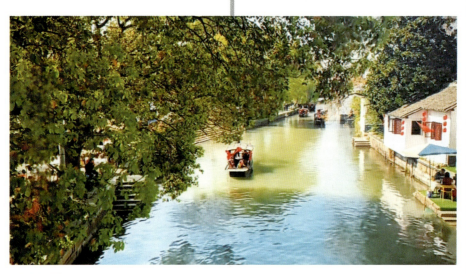

金泽古镇景观

上海之根：江南古镇

金泽古镇景观

在上海发现江南

上海之根

第四编 上海之韵

古桥·古寺·古塔·古园林

一、"小桥流水江村"：古桥

江南水乡河港交织，湖荡密布，桥梁众多。这些桥梁多分布在人烟稠密的古镇上，因此民间有"十步一桥""三步两桥""桥桥相连""桥桥相望"的说法。一座古镇拥有数十座桥梁是十分平常的，略大一点的镇甚至拥有上百座桥梁。如枫泾镇，横跨市河的桥梁就有11座，整个镇区桥梁总数则多达56座。

流经江南古镇的河流大多不太宽阔，有的仅供两船往来相交。为方便河两岸通行，往往在河上构筑将两岸街市连成一体的桥梁。因河流不是很宽阔，因此所构筑的桥梁一般多为小桥，由此亦形成江南水乡"浅渚波光云影，小桥流水江村"的充满诗情画意的独特景观。

江南地区保存下来的古桥大多建于明清，宋元时期所建桥梁相对较少。现存古桥多为石桥。宋元时，江南地区一般都用武康石来砌筑桥梁。武康石也叫紫石，石面布有细小的蜂窝眼，颜色深赤，原产于浙江武康（现已并入德清县），故名。到了明清时期，江南地区一般采用青石来砌筑桥梁。青石筑成的桥梁桥身青白如洗，像是一件晶莹剔透的玉器。

江南地区古桥的造型最常见的有如下几种：一是拱桥。桥洞呈圆拱形，便于船只穿越行驶。可分为单拱石桥、双拱石桥、三拱石桥，甚至有五拱石桥。二是平桥，即桥面平直，桥孔呈方形。平桥还包括梁桥和廊桥。梁桥的桥面像一道梁横在桥孔上，而廊桥的桥上架有遮阳避雨的廊房。三是折桥，折桥的桥面呈一字形横跨过河。这些古桥形态各异，各呈风姿：有的桥拱高耸，如飞虹临空；有的石梁横跨，似蛟龙嬉水；有的园林曲桥，回环多姿；有的配有粉墙黛瓦的廊桥，

上海之韵：古桥·古寺·古塔·古园林

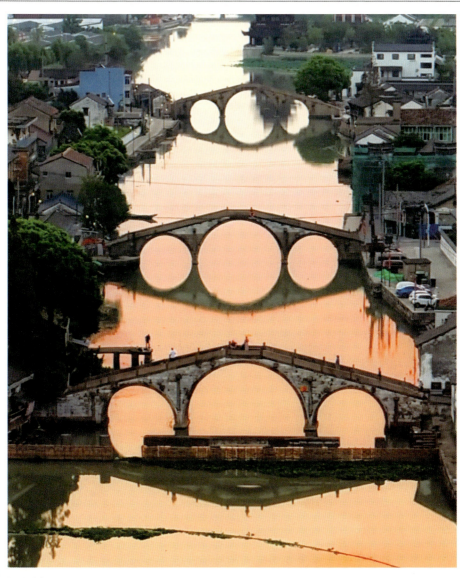

江南古桥

古色古香。

　　根据上海第三次全国文物普查结果，上海市现存古桥459处。这些古桥多为明清时期所建，宋元时期较少。以下仅推荐其中最具特色者。

推荐探访地：

望仙桥：上海现存最古老的石梁桥

位于今松江方塔园内。始建于南宋绍兴年间，距今约900年，是上海现存最古老的石梁桥。

望仙桥全长7米，宽2.3米，南北走向，跨松江古市河，是清代以前松江城里南北干道上一座重要的桥梁。望仙桥的石梁采用武康石凿制，呈紫色，表面粗糙，防滑。桥面凿制成弧形，呈微拱，较平直石梁美观，既发挥微拱石梁耐压的特性，厚度又可减薄，减轻自重。石梁下用木梁承托，称为保险木。木梁可以起到保护石梁的作用，石梁一旦脆裂，受到木梁承托，桥面不会坍塌，也不危及桥上行人和桥下通航舟楫的安全。石梁外侧有莲花图案雕饰，简练素雅。全桥独具匠心，具有较高的艺术价值。传说是受仙人点化而建成，据说众人在桥上看见造桥仙人飘然升天，故桥

松江望仙桥

名曰望仙桥[1]。

普济桥：上海第一桥

位于金泽镇南市梢，横跨市河，又称圣堂桥。因桥东端有座圣堂庙而得名。始建于南宋咸淳元年（1265年），清雍正元年（1723年）重修时安置石栏。基本保留了宋代桥梁的特征和结构，是上海现存最古老的石拱桥之一，故有"上海第一桥"之美誉。该桥为单孔圆弧形石拱桥，长26.7米，宽2.75米，单跨10.5米，高5.07米，桥身全用紫色石料修筑，每逢雨后，桥面晶莹光泽，宛如一座紫色宝石嵌镶的桥梁，故又称宝石桥。建筑风格与闻名于世的河北赵州桥相似，拱券采用并列砌置，桥拱跨度大而矢跨低，桥面坡度平缓箭直，栏板低矮无柱头，紧贴桥面形成平缓的曲线，建筑水平高超。该桥历史久远，至今已有近800年的历史，被列为上海市文物保护单位[2]。

---

1. 莫春林：《中国桥文化》，南昌：江西高校出版社，2008年。
2. 莫春林：《中国桥文化》，南昌：江西高校出版社，2008年。

万安桥：金泽最大的古石拱桥

位于金泽镇。与普济桥同跨一河，南北对峙。因建筑年代、结构、造型、采用石料与普济桥基本相近，因此又合称为"姐妹桥"。

万安桥始建于南宋景定年间。当时金泽镇港东建有观音佛阁，港西建有财神佛阁，在两阁之间建了万安桥，形成"一桥挑两庙"的建筑布局。明嘉靖年间及清乾隆年间两次重修。该桥为单孔圆弧形石拱结构，长29米，宽2.6米，跨度9.8米，高5.4米。元至正二年（1324年）在桥中用楠木增修了一座亭阁，又称亭桥，是当时金泽三座亭桥中最大的一座。该座桥上亭阁气势恢弘，雕梁画栋，四角飞翘，挂有风铃，风吹铃响，颇为动人。在明媚的春光之下，一江春水，水天一色，桥影摇曳，凌波荡漾，景色美不胜收。亭柱上刻有赞美桥景的楹联，描绘了亭桥四周的美妙图景，有"亭桥春望"一景，是古时金泽八景之一。常有文人雅士在亭桥上观景，浅吟低唱。传说桥上亭阁建成不久，有两位文人登桥吟诗诵词，一位文人吟上联：万世安详，风调雨顺；另一位酬

上海之韵 | 在上海发现江南

金泽普济桥

唱下联：万民安业，五谷丰登。后人便把此桥取名为万安桥。表达了人们祈盼子孙万代过着丰衣足食、平平安安的幸福生活的愿望。可惜的是桥上亭阁现已不复存在。该桥历经700多年的沧桑岁月，为上海地区最古老的桥梁之一[1]。

迎祥桥：独具一格的元代古桥

位于金泽镇南市梢。始建于元代，明清重修。为五孔六柱梁式桥，砖、木、石组合结构，桥式古朴、简洁，独具一格，为我国古桥史上所罕见。

该桥长30.75米，宽2.4米，中孔跨径6.35米，其他孔跨径4.3—5米。桥墩由4块长青石并列竖埋，顶面横置石盖梁，其上密排楠木，

金泽万安桥

1. 莫春林：《中国桥文化》，南昌：江西高校出版社，2008年。

横铺枋板，枋板上用石灰糯米浆砌筑青砖，形成砖体桥面。桥石两边外侧覆贴水磨石砖，既能遮护木梁，又可增加桥的外形美。据桥梁专家

金泽迎祥桥

研究,这种桥的结构和近年来国内外公路上流行的一种承载力大又省材料的"桥面连续简支梁"的新颖桥式十分相近。迎祥桥上楠木为主梁简支,搁在桥墩上,承受弯拉,桥面上密铺青砖形成一个连续整体,承受弯压。木、砖各自发挥其特长,共同承受荷载。据验证,用这种方式组合的桥式,其承载力可提高4~5倍,符合现代桥梁技术理论。迎祥桥的结构还有一个特点:桥面上无栏、无柱、无桥级。全桥纵坡度形成一个和缓弧形,横跨江水,桥身环空,玲珑轻巧,远望如"长虹卧波",古人有赞美诗句云:"虹影环空烟渚宽,高悬皎月状霄观。"每当皓月当空,桥景就有"月印川流,水天一色"的意境美,素有"迎祥夜月"之胜,古为金泽八景之一[1]。

放生桥:"井带长虹"

位于朱家角镇北大街冬首,东慈门寺旁,横跨漕港河。由东慈门寺内性潮和尚募捐主持修建。该桥建于明隆庆五年(1571年)。因规定桥下不能撒网捕鱼,同时该桥也是进慈门寺烧香拜佛的善男信女收买鱼鳖放生之地,故名放生桥。

---

1. 莫春林:《中国桥文化》,南昌:江西高校出版社,2008年。

放生桥是上海地区最长、最大、最高的五孔联墩拱桥,有"沪上第一桥"之称。桥全长72米,宽5米,高8.65米,中跨径13米,两旁跨径依次为7.5米、5.4米。南堍建廊亭,存碑三通:"放生桥永禁碑""重建放生桥记""永禁碑"。

放生桥在建筑结构方面也独具匠心。桥体庞大,状似巨龙,但是它的建筑技艺与风格却处处体现出精巧、细致。该桥设置了超薄的柔性墩,不仅节省造桥石料,还使桥孔下净孔增大,利于行舟、泄洪,减小水流冲击力。桥拱主拱圈采用纵联分节并列砌法,加强拱石间的联系,使薄墩桥更为坚固。桥的中孔9节拱石,两边孔分别为7节、5节拱石,每节由9道拱石并列而成。上下拱石间有独块横系石连接。桥台座石也为整块石板,显得十分稳固。同时,因该桥桥孔高耸,呈半圆形,属陡拱,对桥墩台水平推力较小,有利于桥的稳定。由于墩薄,加上桥拱自然递增,全桥形成一个缓和顺适的纵坡,自然和谐地衔接两岸街面,显得雄伟而不笨重。放生桥是南方软土地基石拱桥的代表作,也是我国石拱桥建造技术上的一个重大进步,充分显示了古代造桥者的高超技艺。

朱家角放生桥

放生桥的装饰也很精美。桥面是石台阶，一边有60级，另一边52级，桥顶中央有块长160厘米、宽100厘米的龙门石，石上镌刻有8条盘龙，环绕明珠，形态逼真。桥顶四角各蹲着一石狮，昂首挺胸，栩栩如生。桥栏是长方形石板，栏板两端望柱柱身雕成竹节形。

桥两侧桥柱有桥联。东侧为"引渡资生涸鲋尽依活水，来苏慰望卧龙本异晴霓"，西侧为"潮声喧走马平分珠瀑浪千重，帆影逐归鸿锁住玉山云一片"。

放生桥凌空而起，长如带，形如虹，古称"井带长虹"，为朱家角古镇十景之一。清康熙年间文人陆庆臻曾经用诗句来赞颂放生桥景之美，诗曰："百尺跨飞虹，江流远向东；水沿沈巷缘，花放井亭红。两郡津梁合，千村巷陌通。行人重回首，高阁起天中。"现存放生桥为清嘉庆年间重建。20世纪80年代，对放生桥又进行了加固。

二、暮鼓晨钟与湖光塔影：古寺·古塔

塔与寺庙均和佛教有关，为佛教建筑。塔指的是佛塔，用于供奉佛陀舍利和衣物以及佛教的典籍等，是信徒顶礼膜拜、瞻仰佛陀的神圣建筑物，也是佛教的终极目标和最高境界——涅槃——的象征。寺庙是用来修行、供奉神灵和僧侣休息、居住的场所。佛教在东汉时期传入中国，魏晋南北朝时期广为盛行，佛塔和寺庙也随之大量建造。

佛教在上海地区的传播可追溯到三国吴赤乌年间，相传龙华寺和静安寺均在这一时期创建。隋唐时期，上海佛教显露兴旺景象，新建寺、塔逐渐发展到吴淞江南岸一带（今青浦、松江、金山），尤以青龙镇一带为多。宋代诗人梅尧臣在《青龙杂志》中称青龙镇有七塔、十三寺。随着宋元以来江南地区的开发，佛教也日渐兴盛。在人烟稠密之地，建有不少寺庙和佛塔。为了便于人们朝拜，寺庙和佛塔往往建在河流交汇的交通便利之处。江南水乡地势平坦，视野开阔，因此宏伟的寺庙和高耸的佛塔就成为地标性建筑。尤其是佛塔，往往又充当船舶航行的指示塔。古刹的暮鼓晨钟、古塔的水中倒影也就成为江南水乡不可或缺的人文景观。可惜的是由于历代的战乱等原因，这些寺庙、佛塔屡建屡毁，现今仍存在和留有余迹的不多。上海现存佛教寺院有龙华寺、静安寺、玉佛寺、沉香阁等；佛塔有龙华塔、南翔寺双塔、李塔、青龙塔、泖塔等。

推荐探访地:

龙华寺

位于今上海市徐汇区龙华路2853号。

相传三国吴赤乌年间,西域僧人康僧会前往至建业(今南京)传播佛教,途经上海地区龙华荡。为纪念康僧会,孙权建龙华塔。后寺塔毁于兵火。今龙华塔为北宋太平兴国二年(977年)所建造。治平三年(1066年),宋英宗赐"空相寺"额,并发帑重建大佛殿,复修宝塔,于寺西北隅建白莲禅院。龙华寺遂改称空相寺。元末,寺毁于兵燹,而塔幸存。明代,龙华寺重建。嘉靖三十二年(1553年),明世宗赐额"万寿慈华禅寺",从此龙华寺又称"万寿慈华禅寺"。此后因受倭寇劫掠,寺院部分被焚毁。嘉靖四十一年至万历二十六年(1562—1598年),龙华寺又逐渐得到修复。万历年间,神宗先后敕赐《大藏经》一部、鎏金千叶宝莲毗卢遮那佛一尊和金印一颗予龙华寺,际此龙华寺已列入海内天台宗十八刹之一。天启元年(1621年),藏经阁建成。明末,禅宗大德天童的密云圆悟禅师曾一度入主龙华,龙华寺始为禅宗道场。时寺和塔再度得到整修。清顺治年间,

龙华寺入口

圆悟之徒孙韬明住持龙华寺，不仅将龙华寺整修一新，而且于寺内大阐宗风。康熙五年（1666年）韬明去世，大壑（又名沛堂和尚）继韬明住持龙华寺，以禅宗而统教律著名。继大壑之后相继住持龙华寺的有澄清、古溪、霜林、观竺、谛闲、性空、圆明、永禅、方华、心慈、惠宗。上海市人民政府于1954年拨款对龙华塔进行全面的整修和加固，并恢复宋代的建筑风格。1957年，又拨款对龙华寺殿宇进行分期整修。"文化大革命"期间，龙华寺遭到严重破坏，佛像全部被毁，寺宇尽被占用，僧众被迫离散，文物经藏荡然无存。1982—1983年，龙华寺边修复边开放，对所有大殿建筑、佛像雕塑进行全面整修和重修。1959年5月26日，市人民政府公布龙华寺、龙华塔为上海市文物保护单位。1983年4月，龙华寺由国务院批准为汉族地区佛教全国重点寺院。

现龙华寺殿堂大都属清代同治和光绪年间的建筑，并保持了宋代伽蓝七堂制。自龙华塔始，从山门往里，中轴线总长194米，依次为弥勒殿、天王殿、大雄宝殿、三圣殿、方丈室和千佛阁。两侧前分别为钟楼和鼓楼，钟楼底层为地藏王殿，鼓楼底层为伽蓝殿。西侧偏殿为玉佛殿、念佛堂和千手观音殿等，东侧偏殿为客堂和祖

龙华寺大雄宝殿

师堂等。方丈室东连染香楼（今为斋堂），楼前牡丹园中，有一株植于清咸丰年间的百年牡丹。

龙华寺为大丛林，每天晨钟暮鼓，僧众上殿做早晚功课。每年农历初一、十五和各个佛教节日，寺内举行宗教活动。

静安寺

位于今上海市南京西路1686号。

相传该寺创建于三国吴赤乌年间。最初寺址在吴淞江滨，初名沪渎重元（玄）寺。唐代一度改为永泰禅院。北宋大中祥符元年（1008年）始改称静安寺。南宋嘉定年间迁至法华镇芦浦沸井浜一侧，依泉建寺。元代以降，寺院规模逐渐扩大，蔚成巨刹。是时，为再现昔日旧址的胜景，在寺内及附近形成8处名胜，分别为三国时立的"赤乌碑"、植于南北朝末年的"陈朝桧"、源于神僧智俨的异行而流传的"虾子潭"、南宋仲依建于寺内的"讲经台"、泉水昼夜喷涌的"涌泉"、住持寿宁构筑的方丈室"绿云洞"、沸井浜边古渡口的"芦子渡"和东晋时期为防御海寇所建的"沪渎垒"，合称"静安八景"。明初，又铸造"洪武钟"一口，钟上题有"洪武二年铸、祝皇太子千秋"的铭文。清代，静安寺屡圮屡修。咸丰、同治年间，清军与太平军在此交战，静安寺毁于战火，一片断壁残垣，仅剩一座大殿。战后，在本地绅士姚曦、浙江商人胡雪岩等人资助下重修，至次年农历四月初八佛诞日，山门和佛殿

静安寺

均已落成。当日按佛教传统举行隆重的浴佛仪式,是时四众云集,车水马龙,商贩买卖兴旺,由此形成有名的一年一度的静安寺庙会。光绪年间,再次修葺全寺,使寺庙恢复旧观。又在沪郊南翔建造祖师祠一座(后改为静安寺南翔塔院),历代祖师灵骨迁葬该院,并供奉祖师牌位。1912年,第一个全国性的佛教组织——中华佛教总会成立,会址设于寺内。1919年,寺前填浜扩路,筑成通衢,命名为静安寺路(今南京西路),沪西一带日见繁华,该寺香火亦盛,礼佛游览者络绎不绝。由于原先寺宇狭窄,不敷使用,1920年,在大殿东面空地上建造三圣殿,基本形成今日寺院之格局。1941年起,德悟继任方丈,曾举办数十次佛学讲座,分别由应慈、圆瑛、芝峰、丁福保、赵朴初、蒋竹庄等法师、居士主讲,同时成立静安寺护法会。1945年抗战胜利后,静安寺在原山门东首另建一新山门,并在新山门前竖立一阿育王式"梵幢"作为寺院的标志。工程竣工后,适逢农历四月初八及静安寺佛教学院开学,在揭幕典礼上,太虚以"三喜"临门,亲自拈香礼佛,与会者达数千之众,堪称一大盛事。上海市人民政府于20世纪50年代初曾先后两次拨款修缮。"文化大革命"期间,静安寺遭受冲击,僧众被迫还俗,整座寺院被工厂占用。1972年,大雄宝殿遭火

清朝时期的静安寺

焚毁。1978年后，宗教活动得以恢复。1988年，建成三层楼僧寮。1994年，又将部分僧寮改建为文物楼。是年，香港李国庆居士捐献汉白玉观音像一座，供奉于圆通殿内。次年，修复大雄宝殿，新加坡刘庚宇居士出资从缅甸请得一座高达3.6米的玉佛坐像，供奉于大殿之中。

静安寺原主要建筑有赤乌山门、兜率殿、大雄宝殿、圆通殿、真言宗坛场、功德堂等。寺藏文物有宋代"云汉昭回之阁"碑、宋代莲瓣石础、明施食台、明洪武大钟及一些历代名人字画、佛像等。

1959年，市人民政府公布静安寺为上海市文物保护单位；1983年4月，由国务院批准为汉族地区佛教全国重点寺院。

龙华塔

位于今上海市徐汇区龙华路上龙华寺山门前塔院内。相传系三国吴赤乌年间孙权所建。现今的龙华塔为北宋太平兴国二年（977年）吴越王钱俶重建。北宋治平年间，南宋绍兴年间，明嘉靖、崇祯年间，清康熙、光绪年间，龙华塔曾多次整修、重建。

民国时期，龙华塔屡遭损坏，虽有整修，但渐趋衰颓。1954年，上海市文物管理委员会首次对龙华塔彻底整修，1984年再次进行大修，更换塔顶上的塔刹和塔心柱，塔身和塔基依旧为宋代原物，完全恢复宋塔建筑的古貌。现塔为廊檐楼阁式砖木结构，高40.6米，外壁为八角七级，内壁为四方形，从底往上逐层收缩，递减形成密檐。底层为庑廊，向上每层各伸出平座，围以木栏，亦随塔身转折，又以斗拱向外举起为腰檐，成高啄之

龙华塔

势为牙檐，牙檐下悬 56 只铜风铃。塔内每层四面门可通外廊，门向方位逐层以 45 度转换，即底层四门分别面向东南西北，第二层的门则分别为东南、西南、西北、东北，第三层的门则恢复成底层朝向。塔顶镇以铁制的塔刹，高 9.25 米，由铜铁制的覆钵、露盘、相轮、宝瓶、七级香炉等 18 件构成。塔心为长 18 米的木柱，竖在塔的第六层砖室中央，穿出塔顶，最后外罩塔刹。1959 年 5 月 26 日，市人民政府公布龙华塔为上海市文物保护单位。

南翔寺双塔

又名五代双塔，坐落在嘉定区南翔镇大街上。南翔寺相传始建于南朝梁天监年间，双塔建于五代。今寺废塔存。双塔系砖塔，仿木结构，七级八面，坐落在南翔寺山门两侧，东西相向，高约 8 米，每级腰檐下施斗拱，四面设壶门，另四面则隐出直棂窗，方向各级互易。塔基筑有八角汉白玉台，高约 2 米。每级设有神龛。双塔虽经千余年风雨，不少地方塔砖风化

南翔寺双塔

剥蚀，但仍巍然屹立，完整地保存了原建时的式样。1981年，在古建筑专家陈从周指导下设计修复。1962年9月7日，市人民政府公布南翔寺双塔为上海市文物保护单位。

青龙塔（吉云禅寺塔）

位于青浦区白鹤乡青龙村青龙寺内。

青龙寺建于唐天宝二年（743年），塔建于长庆年间。宋庆历年间重建。后曾改名隆福寺塔，又名吉云禅寺，均因寺而易名。宋元明清各代均相继修缮。塔为砖木结构，七级八角，"登上塔顶，远眺雁荡，近瞰龙江，雁荡茫茫，龙江泱泱"。该塔又是青龙港船只出入海港的标识。因建塔之前，青龙港"与海相接，茫然无辨，入港船只常常失势，漂入深波。建塔后，望塔进止，怵心顿减，得安全入泊"。自元入明，由于吴淞江"潮淤水涸"，"市泊之区徙于太仓"，青龙塔才失去了标识的作用。现塔檐无存，梯级尽毁，塔身已倾斜2度50分，但是依然屹立于青龙寺内。1962年，市人民政府公布青龙塔为上海市文物保护单位。

青龙塔

泖塔

坐落在青浦区西泖河的沙洲上。又名长水塔。唐乾符年间，福田寺僧如海在泖湖中心的沙洲上筑一台基，约2亩余，建泖塔于上，并凿井建亭，名澄照塔院。当年泖河广阔，船舶夜航，苦无标识。泖塔建成后，每晚悬灯塔顶，过往船只即以塔灯为标志。船泊塔下，人到塔院饮茶休息。塔为砖木结构，五层方形。虽年久失修，但塔身仍完整，结构简洁，具唐

上海之韵：古桥·古寺·古塔·古园林

泖塔

代风格。1995年11月开始修缮，现已恢复原貌。1962年9月7日，市人民政府公布泖塔为上海市文物保护单位。

兴圣教寺塔（方塔）

位于松江区中山东路南侧方塔园内。

兴圣教寺建于五代后汉乾祐二年（949年）。北宋熙宁至元祐年间，寺僧希阶、如纳、如礼等募建兴圣教寺塔。塔九级，高42.5米，每面宽6米，呈正方形。为楼阁式砖木结构，每级均有壶门，门内通道上抱叠涩藻井，内室用券门。塔上层面、各层腰檐、平座和塔内楼板，均由斗拱支撑。塔下有地宫。离地面1.5米以下有砖室1间，高约3米，面积13平方米。元代寺毁塔存，但颓蚀甚重。元至元二十一年（1284年），僧行高修葺。明清两朝，该塔屡次被毁，并获得重修。清道光二十四年（1844年），该塔又进行大修，更换塔刹。重修后的兴圣教寺塔被誉为当时江南造型最美的塔。至新中国成立时，由于年久

松江方塔

失修，损坏相当严重。1975—1977年，上海市人民政府拨款重修。时结合方塔风格特点，予以重制。换去腐蚀的塔心木，重装塔刹，外换相轮，重铸更换八角龙头露盘1个、相轮5个、铁箍筒7个、仰莲露盆1个。恢复各层扶梯、楼板、平座、腰檐和"寻杖式"栏杆，重建了围廊。大修后，仍保持了原有斗拱60%以上，基本上保存了宋代古塔的风貌，更加秀美挺拔，为江南古塔建筑所罕见。1962年9月7日，市人民政府公布兴圣教寺塔（方塔）为上海市文物保护单位。1996年11月20日，由国务院批准为全国重点文物保护单位。

三、"壶中天地"：古代园林

古代园林是集中国传统建筑、山水、花木以及雕刻、书法等于一体的综合性艺术创作，也是中国传统文化特点和艺术韵味的具体体现。中国古代园林大体可以分为自然园林、寺庙园林、皇家园林和私人园林四种。早在三国时期，上海市今辖境内已有庙宇，随之也出现了寺观园林。南北朝时期，江南地区开始建造宅园（私人园林），至宋元年间，宅邸及寺观园林已有数十座。随着江南地区经济、文化的发展，自明嘉靖年间起，随着江南地区经济富庶、社会盛行奢侈之风，宅园的兴建进入全盛时期。到清代中叶，宅园几乎遍及江南各城镇，其中著名的有苏州的拙政园、留园、网师园；无锡的寄畅园；扬州的个园、何园；上海的豫园；杭州的郭庄、刘庄、蒋庄等，号称"江南园林甲天下"。

明清时期园林的投资建造者主要是退职的官僚或文人雅士，因此这类园林深受江南文人审美情趣的影响。这时的园林大部分都建在城市中或城郊地区，受当时土地制度等因素的影响，面积普遍较小，但是却能借着巧妙的造园手法突破空间的局限性，在咫尺之地营造出山林的效果。因造园手法重视"以小见大"，后世经常以"壶中天地""须弥芥子"来称呼这类园林。

江南园林通常都具备四大景观要素，即叠山、理水、建筑、植物。或以水池为中心，四周点缀山石花木；或以山石为中心，周旁凿池，种植花木。园中建筑类型十分丰富，厅堂、馆榭、楼阁、廊舫等建筑形式往往讲求虚实相生，曲折有致，并能够在有限的空间生无限之景，各个景致建筑皆有诸多楹联和题咏。

由于盛行建园之风，明清时期还涌现了一批有名的造园师，尤以张南阳、周丹泉、计成、张南垣四人最为著名。这四人皆精于绘画，他们所造之园，宛如一幅立体山水画。其中有的造园师就参与了上海地区园林的建造。

明清时期江南园林不仅是供人居住的建筑空间，还是反映社交生活、财富身份的社会空间。文人雅士亲身参与造园，并通过命名、题咏和雅集等活动赋予园林空间丰富的文化和精神特质，园林主人亦从造园以及吟咏园林等活动获得了审美上的自由。

从明代中叶至清代中叶，在现上海市境内所建的宅邸园林累计达数百处，主要集中在华亭、上海、嘉定县城及其邻近乡镇，其中较为著名的，明代有上海县的豫园、日涉园、渡鹤楼（也是园）、露香园，嘉定的秋霞圃、古猗园、檀园，松江的秀甲园、濯锦园、熙园。清代有松江的醉白池，青浦的曲水园，上海的城隍庙东园、丛桂园、溪园，奉贤的一邱园等。这些园林历经沧桑，大多湮没，唯豫园、秋霞圃、古猗园、曲水园、醉白池残存。经整修、扩建，现为上海最著名的五大古典园林。

🔍 推荐探访地：

豫园

位于上海市中心城区黄浦区的上海老城厢东北部。

豫园为明朝嘉靖年间刑部尚书、都察院左都御史潘恩之子潘允端所建。潘恩为嘉靖年间进士。潘恩的家族是当时上海城里的名门望族，在老城厢梧桐巷、安仁里（现梧桐路、安

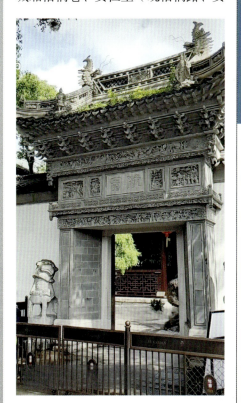

豫园

仁街）一带居住，现梧桐路的明代建筑世春堂（今福佑路第一小学分部）是潘家仅存的旧居。

潘允端为潘恩次子。嘉靖三十八年（1559年），潘允端在自家住宅西面数畦蔬圃之上，聚石凿池，构亭艺竹，营造小园，这便是豫园的始建。三年后，潘允端中了进士，自此沉浮宦海十多年，无暇顾及建园。万历五年（1577年），他从四川布政使任上辞归，这才一心一意营造园林，请江南园艺名家、堆叠假山高手张南阳为其设计营建，积十余年之功，终于建成一座规模恢宏、景色旖旎、盛名一时的私家园林，被时人誉为"东南名园冠""奇秀甲于东南"。潘允端为其取名豫园，"取愉悦老亲之意也"。

豫园占地70余亩，堂斋轩榭、亭台楼阁不下30余处，有乐寿、玉华、容与、会景诸堂，醉月、徵阳、颐晚等楼，留影、涵碧、凫佚、挹秀数亭，还有充四斋、五可斋、鱼乐轩、缀水轩、五茵阁、纯阳阁、山神祠、关侯祠、大士庵、雪窝、留春窝，以及山石冈岭、涧壑、溪流、曲梁，以乐寿堂为中心，包括今湖心亭、荷花池、九曲桥及其以南以西的豫园旅游商城部分范围。潘允端自撰的《豫园记》，详尽地记述园内从东到西、自北往南每一处景物。潘允端晚年长居园中，常常在园中与董其昌等江南名士聚会、宴饮、诗词唱和。他还在园中成立了"家乐"戏班，演出《琵琶记》等传奇杂剧20余部，并且亲自撰写曲本排演，鼓励女子戏班上台演出。因此潘允端对昆曲最初的形成和传播有一定推动作用，豫园也可以看作上海昆曲的发祥地之一。潘允端去世后，家

豫园一角

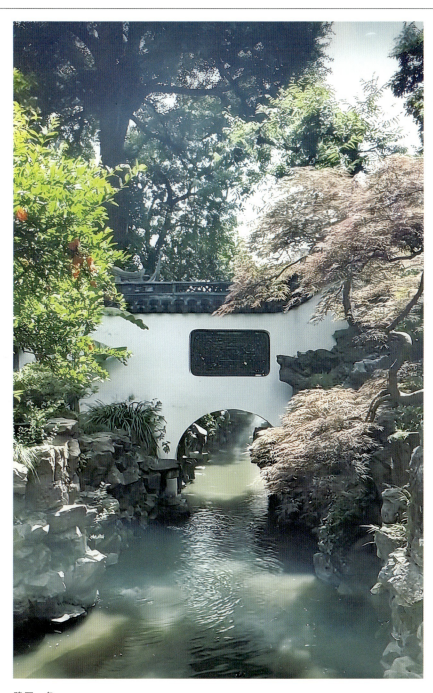

豫园一角

道衰落，潘氏旧居世春堂就被人收买后赠予西方传教士，改建为天主教堂，称"敬一堂"。后豫园为潘允端孙女婿、通政司参议张肇林所购买。为避南下清兵骚扰，张肇林在豫园厅堂内塑了佛像，改作寺院，还请来僧人当住持。张肇林死后，园林更显荒芜，仅剩少许破旧建筑和残石淤池。清初，随着海禁开放，上海成为繁忙的港口城市，往来从事商贸的客商云集，布业公所等数十家行业公所入驻豫园，并对其进行部分改建。鸦片战争期间英军曾驻扎豫园。1853年小刀会起义期间，豫园点春堂曾经用作指挥所。此后直至民国时期，豫园被分割成多个部分，用于各种商业用途。直到新中国成立后，豫园才得以进行恢复性重建，一代名园焕发出昔日神采。

由上海市文化局负责，同济大学古建筑专家设计指导，历时5年，修复和重建了被毁坏的三穗堂、玉华堂、会景楼、九狮轩等古建筑，疏浚了淤

豫园内景

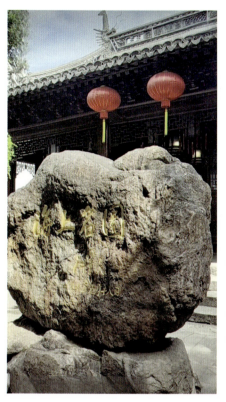

豫园景观

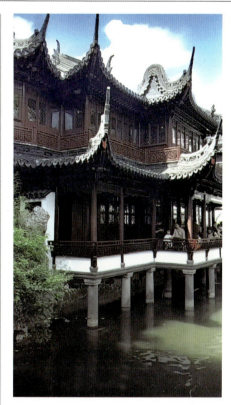

豫园景观

塞的池塘，栽植了大量树木花草，并把豫园和内园连接起来融为一体。修复后的豫园把荷花池、湖心亭及九曲桥划在园外，大门从园东面的安仁街移至园的西南。1959年，市人民政府公布豫园为上海市文物保护单位，1982年，由国务院公布为全国重点文物保护单位。1986年，上海市人民政府再次投资，分三期工程整修豫园。由著名园林专家陈从周主持策划设计，参照清乾隆年间豫园的布局，力求体现江南古典园林特色。这三期整修，布局合理，典雅精巧，成效显著，豫园胜似当年，堪称重建、恢复江南古典园林的力作，被誉为"名园接笔"。21世纪初，豫园管理部门继续着手对豫园东部景区进行整治，经过近两年精心施工，2003年初竣工。重新建成已毁的明代豫园"涵碧楼"和清代西园"听涛阁"两座仿明清风格建筑，并植树种花，堆山叠石，碧池环绕，粉墙相映，涛声盈耳，创造出与原有景区相协调的如诗如画的园林格局和意境，被誉为又一次"名园接笔"。

秋霞圃

位于今嘉定区东大街314号。

其为上海地区现存最古老的园林，由邑庙（城隍庙）和龚氏、金氏、沈氏三姓的私宅园林合并而成。邑庙始建于南宋嘉定年间，旧址在南门富安坊（今李家弄旧址），明洪武年间移建于此。龚氏园、金氏园和沈氏园均建于明代。龚氏园为明成化年间进士、工部尚书龚弘或其先祖始建。龚弘去世后，其曾孙龚敏卿将宅第售与徽商汪某。明万历年间，汪某将宅第归还原主。清顺治年间，嘉定惨遭清军三屠，龚氏后裔守城殉难，龚家败落，宅第仅剩两堵危墙。嗣后，宅基地与后园由汪某后裔辟为秋霞圃，俗称汪氏园。雍正年间，秋霞圃改作邑庙后园。金氏园在龚氏园北，为明万历年间举人金翊所建。沈氏园在龚氏园东侧，系万历、天启年间秀才沈弘正所筑。此园后归申氏。清乾隆年间，沈氏园并入邑庙后园。此后七八十年内，邑庙后园长盛不衰。咸丰、同治年间，太平军和清军及洋枪队数度在县城激战，邑庙后园及金氏园被破坏殆尽。光绪年间曾重建部分园景。以后又在园中增设茶肆书场，庙中戏台时有地方小戏，邑庙园成为县城中民众娱乐活动的主要场所。1920年，时任嘉定教育会会长、启良学校的创办人戴思恭将该校迁入邑庙后园，并发动实业界承修园内建筑。1960年，嘉定县人民委员会决定邑庙后园恢复"秋霞圃"原名，并定为县文物保护单位，1962年又列为上海市文物保护单位。"文化大革命"期间，一些景点被拆除，树木被砍伐，加之长期失修，园内建筑破败，花木凋零。1980年开始，上海市人民政府先后拨款修复。园林学家陈从周为重修提供指导。1987年9月，修复工程全部竣工，同年10月1日对外开放。

全园主要包括四个景区：

桃花潭景区（原秋霞圃）：位于园西南。以桃花潭为中心，南北两山隔潭相望。南有晚香居、霁霞阁、池上草堂、仪慰厅，西有丛桂轩，北有即山亭、碧光亭、延绿轩、碧梧轩、观水亭。

凝霞阁景区（原沈氏园）：西邻桃花潭景区，以太湖石堆砌的大屏山

上海之韵：古桥·古寺·古塔·古园林

在上海发现江南 |上海之韵|

秋霞圃内景

为中心，北有凝霞阁，南有聊淹堂、游骋堂、彤轩、亦是轩，东有扶疏堂、环翠堂、觅句廊，西有屏山堂、数雨斋、闲研斋、依依小榭等。区内多院组合，院廊相连，院墙多置漏窗，院内孤植树木和丛植花草。

清镜塘景区（原金氏园）：位于园北部，南与桃花潭、凝霞阁两景区相邻。清镜塘横卧于南面，塘北与东有三隐堂、柳云居、秋水轩、清轩，西有青松岭、岁寒亭、补亭。景区以植物景观为主体，疏朗开阔，有浓郁的林野风味。

邑庙景区：位于园东南，北连凝霞阁景区，西北邻桃花潭景区。大殿于明清两代因火灾和兵祸而屡毁屡建，今大殿及工字廊、寝宫均系清光绪八年（1882年）重建。殿北有工字廊与寝宫相连，宫内置大床及家具，陈设华丽。殿西有月门，殿东侧有石板路通凝霞阁景区，殿前月台三面有石围栏，十八根望柱头上镌有形态不同的石狮。

古猗园

位于嘉定区南翔镇民主东街。

古猗园为明万历年间官员闵士籍在南翔兴建的宅园，由擅长竹刻、书画、叠石的朱稚征设计布置，号称"十亩之园，五亩之宅"。因园内广植绿竹，因此取《诗经》"绿竹猗猗"之句，名为"猗园"。闵士籍去世后，约在万历末年猗园被转让给翰林李名芳之子李宜之。明末清初，猗园又先后为陆、李两姓所有。清乾隆十一年（1746年）冬，叶锦购得猗园，次年春大兴土木重修和改建，乾隆十三年（1748年）秋落成，改名古猗园。重修后的园门位于园北，西向。园南围墙外有河，船可进入园内。园中以逸野堂和戏鹅池为中心置景，山有小云兜、小松岗和两座无名土山，水有戏鹅池、泛春渠和通园外的河道，亭有幽赏亭、孕清亭、梅花亭、怡翠亭、孤山香雪亭、嘉树亭、仿雪亭、荷风竹露亭，廊有承香廊、绘月廊和一无名曲廊，轩有鸢飞鱼跃轩、西水轩、柳带轩、听雨轩，楼、阁有环碧楼、翠霭楼、浮筠阁、岭香阁，桥有磐折渡桥、浮玉桥，此外还有春藻堂、清馨山房、坐花斋、书画舫、蝶庵、药栏等建筑。园内除广植竹以外，还专辟了一个竹圃，体现"绿竹猗猗"的意境。

乾隆年间，嘉定地方人士捐款购买古猗园，作为城隍庙的庙园，香客均可入园游览。嘉庆年间，又经募捐整修。咸丰、同治年间，太平军同清军多次在南翔激战，园内部分建筑被毁。战后南翔各行业公所陆续修复了一些可用的建筑，并增建了一些作为行业集议的场所，后来还在园内开设酒楼、茶肆、点心店、照相馆，庙园已名存实亡。在1932年"一·二八"事变和1937年"八一三"事变中，古猗园遭受战火，大部分建筑被毁。抗日战争胜利后，镇政府将其作为公园开放。当地人士又集议修复古猗园，先后筹款重修了缺角亭、不系舟（书画舫），新建了微音阁、南厅、白鹤亭，并种植了一批树木花草。因为仅作局部修复，所以景色已远不如战前。1957年以来，南翔镇人民政府和上海市人民政府多次集资拨款修缮和扩建古猗园。目前古猗园园景主要包括：

逸野堂景区。位于园西北部。以逸野堂为中心，北有北园门和曲廊、幽赏亭，南有鸢飞鱼跃轩、小松岗和南厅。四周分别有五老峰、古盘槐、小云兜和桂花林。

戏鹅池景区。位于园西部北面，西邻逸野堂景区。以戏鹅池为中心，南有竹枝山和浮筠阁，北有不系舟，西有白鹤亭，亭阁相对，山水相依。

松鹤园景区。位于园中部偏北。

古猗园景观

以梅花厅为中心，东有荷花池、普同石塔、鹤寿轩和松鹤园，北有唐经幢、微音阁和绘月廊。区内轩塔厅阁，配以松荷竹梅，景色宜人。

青清园景区。位于园东部的园中园。园内种植了方竹、紫竹、佛肚竹、矮竹、印度竹、慈孝竹、箴竹、凤尾竹、四季竹等20多种翠竹，还有门楼、荷风竹露亭、君子堂和翠霭楼等景点。

鸳鸯湖景区。位于公园中部。东侧有龟山，湖上及沿湖有九曲桥、湖心亭、曲香廊等景点。

曲水园

位于青浦区城厢镇公园路612号。原为清乾隆年间所建城隍庙庙园。当时城隍庙有每年向每个居民捐募一文钱的习俗，或于地丁项下加纳制钱一文，称"一文愿"，用作庙宇维修经费，故此园又有"一文园"之称。后沿池增设旱舫，建夕阳红半楼、凝和堂，在得月轩东浚池垒山，植莲种树，筑长堤，建喜雨桥、涌翠亭，成为名副其实的庙园，取名灵园。嘉庆年间，江苏学使刘云房应知县杨东屏之邀，在园中吟诗宴饮。面对佳景，刘云房借东晋著名书法家王羲之"曲水流觞"的典故，将灵园易名为曲水园。咸丰、同治年间，太平军与清军在此反复激战，曲水园毁于炮火。

古猗园景观

光绪年间重修夕阳红半楼和舟居非水舫,重建有觉堂(俗称四面厅),新建得月轩,至清末宣统年间,全部恢复了原有景点。1927年,邑绅张景周捐款,修假山,山顶建景周亭,后改名九峰一览亭,曲水园亦改名中山公园。抗日战争期间,公园大部分遭日机炸毁。解放后进行整修,园景逐步恢复,1980年恢复曲水园园名。1982—1986年,市人民政府拨款全面整修公园,修复了长年关闭的有觉堂、得月轩、御书楼、夕阳红半楼等古建筑,重建公园大门、清籁山房,新建绿波长廊,增设花坛,堆置立峰,使古园面貌一新。

曲水园以水景取胜,以荷花池为中心,池水与城河相通,堂堂近水,亭亭靠池,山架两池水,游园必绕池。全园既具江南园林的特点,又有幽静素雅的寺观园林景色。包括四个景区:

凝和堂景区。位于园南部,是园中的主建筑,古曲水园的大门、二门均在堂前的轴线上。堂平檐歇山顶,高脊,脊上饰各种图案,脊端状如鲤鱼龙跃。室中立四柱,梁上装饰细致,悬方传鑫题"凝和堂"匾。堂内陈设画、架、几,中置一张精雕细刻的红木案。堂前古木成荫。

有觉堂景区。位于园西南部,东面有南北向的小河与凝和堂景区分隔。景区内有觉堂居中,其周围有舟居非水舫、得月轩、夕阳红半楼、御

曲水园景观

曲水园一角

曲水园一角

书楼等建筑。

荷花池景区。位于园中部,为园中主景。池中建假山小飞来峰,将池一分为二,山顶有民国年间建的九峰一览亭(又名环壁楼)。登亭远眺,可览县城全貌。荷花池以石驳岸,环池周围有诸多建筑。前荷池北岸有名为小濠梁的六角亭,东有方形的迎曦亭和紫藤廊,南有恍对飞来亭、花神堂、凝和堂,西有隔长堤和小河的得月轩。

植物景观区。在园东部,西邻荷花池及花神堂,东靠城河。景区南有花坛群、牡丹园,中有红枫冷香园,北有小桃园,各园间以矮墙或园路分隔。沿城河边建绿波廊纵贯景区。

醉白池公园

位于松江区人民南路64号。

园址原为一座建于明代的残破宅园。清顺治年间,本籍人士、进士顾大申在此地修建别墅花园。园以一泓池水为主。顾氏仰慕唐代诗人白居易的风雅,仿宋代韩琦慕白居易而筑醉白堂的故事,取园名为醉白池。乾隆年间,醉白池为贡生顾思照所有。嘉庆年间,此园成为松江善堂公产,在内设育婴堂。道光至咸丰年间,重修宝成楼、大湖亭、小湖亭、长廊等。光绪年间,建船屋、六角亭、粮仓。宣统年间,建池上草堂、雪海堂、茅亭,并广植树木。民国年间,建卧树轩,改建乐天轩等。松江解放后,将醉白池辟为公园。1965年改名人民公园。"文化大革命"中,园内一对明代石狮和古建筑上的匾额被毁，许多碑刻及建筑上的木雕被破坏或拆除。1979年11月公园恢复原名。1980年1月，进行整修及局部改建工程，新辟玉兰园、赏鹿园、碑廊、砖雕照壁、儿童乐园，将松江的清代雕花楼、深柳读书堂迁入园中，并整修了园中绝大部分的古建筑，翻修所有园路，充实和调整了绿化布局，至1986年完成。

全园分内园、外园。位于东部的内园为原来的古园，虽然只占全园总面积的五分之一强，但景点很多，建筑较密集。位于园中部和西部的外园为1959年扩建，布局疏朗，以小桥流水、荷池长廊、草坪为主景，具有现代公园的风格。目前醉白池公园主要景点包括：

醉白池。位于内园中央，主体部分南北呈长方形，河道蜿蜒伸至园北和园东北。池中植名种荷花"一捻红"，池北与河道交汇处建石桥，桥北河道渐宽，池上草堂横架于河上。堂前原有清初画家王时敏题写的"醉白池"隶书匾额，毁于"文化大革命"中，现匾为程十发重题。堂上悬"香山韵事"额，堂中置古色古香的家具、瓷器、屏风。环池东、西、南三面有廊，与池东长廊相联的有一亭一榭。亭为半亭，上有"花露涵香"额，亭前花坛有两株百年牡丹；廊南临水处有榭，上悬"莲叶东南"额。池西南有半临水的六角亭，亭南有廊与池南长廊相连。亭北有四株百年女贞。

《邦彦画像》石刻与碑刻画廊。《邦彦画像》嵌砌于池南长廊内壁，计有30块石刻。原画出自乾隆年间松江画家徐璋之手，光绪十七年（1891年）摹勒上石，嵌砌于松江府学的明伦堂壁间。石上阴刻明代松江府乡贤名士董其昌等91人的画像，线条流

醉白池景观

畅，形象生动，像前有当时的松江府同知何士祁题写的"云间邦彦画像"六字。抗战期间明伦堂被日军所毁，乃移置醉白池。"文化大革命"初期，经有关人员精心伪装保护，石刻得以保存完好。碑刻画廊位于《邦彦画像》南，廊中陈列的多数为当代书画、碑刻，也有少数古代或摹古代碑刻。

雪海堂。位于池西，宣统年间建。堂为内园主建筑，屋宇高大宽敞，民国元年（1912年）孙中山曾在这里发表演说，并与同盟会松江支部成员合影。堂上悬邑人朱孔阳题额，门口置石狮一对，植桂花两株。在堂前院落中央有一方形睡莲池，四周围石栏杆，池中有一座鲤鱼与荷花的雕塑。沿院墙有松竹梅花坛，墙角栽芭蕉。院东西两门旁建半亭，各置一对石鼓。

宝成楼。位于醉白池东，隔池与雪海堂相望。这里原是园主住宅，由仪门、花厅、宝成楼三座建筑组成，建于清初。

四面厅、疑舫。四面厅位于池上草堂东，宝成楼西北，建于清初。厅四面均为花格长窗，窗外回廊环绕。厅前临醉白池有一株300余年的樟树，树高荫大。疑舫在四面厅西，宝成楼北。醉白池北端延伸的河道经过

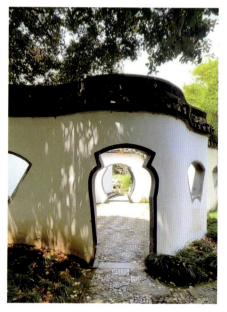

醉白池一角

池上草堂下分成北向、东向两条支流，疑舫在东支流的东端，舫首西向，舫北临水。在舫与四面厅之间有两株逾百年的腊梅。

乐天轩。位于河道北支流的东面，与四面厅隔东支流相对。轩以白居易字乐天得名，三面回廊，旁丛植慈孝竹，轩后有一株250年以上的银杏，其西南临河处有一株200年的榉树。

玉兰园。位于雪海堂南，碑刻画廊西，以园中广植二乔玉兰、白玉兰、紫玉兰得名。

赏鹿园。位于内园南部，有园墙与北面的玉兰园、碑刻画廊相隔。园

名出自春秋时期吴王射鹿的故事。园东堆山,上植黑松、罗汉松、腊梅、香樟和丛竹,山顶建六角形笠亭。园西凿池,周围植黄馨、栀子花、女贞、桂花,池旁建一方形扑水亭。园北有赏鹿厅,厅中悬程十发《吴王出猎图》。

砖雕照壁。位于西大门内。画面上有奔鹿驰骋在三泖九峰之间,仙鹤飞翔于云间古城之上,仕女游宴在醉白池园林之中,显示出古城历史悠久、景色秀美的风貌。

雕花厅。位于外园中部北面,西隔鱼池与照壁相望。厅建于嘉庆年间,为三进两院四厢民宅。

除上述五大古典园林之外,上海地区历史上还曾经建造过多处园林。其中多数园林因各种原因,遗迹早已荡然无存。

后 记

本书为上海市教委江南文化和海派文化育人联盟项目的成果之一，是一部关于上海地区和上海城市的历史与文化的普及性读物，旨在为大学生、中学生和普通读者了解上海城市的文化底蕴、进行实地探访提供较为全面与有深度的指南。本书在编纂过程中参考了《上海简史（三卷本）》（熊月之主编，上海教育出版社2024年）、《世界之城：上海国际大都市史》（王敏著，上海格致出版社2022年）、《江南市镇：传统的变革》（樊树志著，复旦大学出版社2005年）、《上海：从开发走向开放（1368—1842）》（张忠民著，云南人民出版社1990年）等学界相关研究成果，以及上海地方志办公室主持编纂的各类方志丛书。上海大学学生石淞钰、王雯雯、张佳霖、黄爱云、范雯斐、倪馨蔚、杨财祥等参与了资料收集，为本书部分章节提供了初稿；上海大学出版社责任编辑徐雁华、美术编辑缪炎栩为本书的出版付出辛勤劳动，在此一并致谢。

除注明出处外，本书的部分图片（或插图）来自上海地方志办公室主持编纂的各种方志丛书以及编纂者自行收集。

本书课题组
2025 年 4 月 21 日